YINGYONGWEN
XIEZUO

主　编◎楼红霞
副主编◎柯鹏飞

中等职业教育通用基础教材系列

应用文写作 (第二版)

中国人民大学出版社
·北京·

图书在版编目（CIP）数据

应用文写作 / 楼红霞主编. -- 2 版. -- 北京：中
国人民大学出版社，2025．5．--（中等职业教育通用基
础教材系列）．-- ISBN 978-7-300-33716-6

Ⅰ．H152.3

中国国家版本馆 CIP 数据核字第 20250HP969 号

中等职业教育通用基础教材系列

应用文写作（第二版）

主　编　楼红霞
副主编　柯鹏飞

Yingyongwen Xiezuo

出版发行	中国人民大学出版社				
社　　址	北京中关村大街 31 号		邮政编码	100080	
电　　话	010 - 62511242（总编室）		010 - 62511770（质管部）		
	010 - 82501766（邮购部）		010 - 62514148（门市部）		
	010 - 62511173（发行公司）		010 - 62515275（盗版举报）		
网　　址	http://www.crup.com.cn				
经　　销	新华书店				
印　　刷	鑫艺佳利（天津）印刷有限公司		版　　次	2016 年 10 月第 1 版	
开　　本	787 mm×1092 mm　1/16			2025 年 5 月第 2 版	
印　　张	16		印　　次	2025 年 5 月第 1 次印刷	
字　　数	326 000		定　　价	45.00 元	

前　言

党的二十大报告指出："坚持为党育人、为国育才，全面提高人才自主培养质量"。全面提高人才自主培养质量，是党对教育工作者提出的时代要求。通过应用文写作的教学，培养学生的语言能力和逻辑思维能力，培养学生的职业道德、合作意识和敬业精神等人文素养，并逐渐转化为个人综合能力，这种个人综合能力不仅是当今社会高素质人才应具备的基本能力，而且是许多职场人士安身立命的重要能力。著名教育学家叶圣陶先生说："大学毕业生不一定要能写小说诗歌，但是一定要能写工作和生活中实用的文章，而且非写得既通顺又扎实不可。""实用的文章"指的就是应用文。为助力学生专业发展和综合素质的提升，为学生的可持续发展打下基础，作者在长期的职业教育教学实践中，进行不懈的探索、实践与改革，编写了这本书。本书的主要特点是：

1. 以能力与素养并重为指导思想。本书学习目标包含能力目标、知识目标和素养目标。注重培养学生写作能力和解决问题的实际能力，使学生具备自我学习、交流合作等能力，同时学习目标中对人文素养做了明确的要求，使学生客观地、正确地认识社会和自己，培养求真务实、严谨认真的作风，培养竞争意识、创新精神。

2. 采用项目引领、任务驱动的编写模式。全书编排成七个项目，每个项目下设四个任务，除项目一外，其他项目均以一个文种的学习为一个任务，各任务按照学生的认知规律设置五个板块：任务导入、任务要求、任务准备、任务实施、任务拓展。各板块之间联系紧密，层层推进。

任务导入：让学生一开始就接触任务，激起其好奇心、求知欲。

任务要求：让学生明确"学"和"写"的任务，使学生在"学"的过程中掌握文种的写作技巧并进行实践，强调了应用文写作的实践性和应用性。

任务准备：提供与任务教学相关的应用文知识、范文欣赏、病文诊断、参考模板。

任务实施：与"任务导入"相呼应，完成本文种理论和技能的任务，监测学生的"学"和"写"。

任务拓展：提供"改一改""写一写"文种实训项目，巩固、提升学生的写作技能。

3. 注重设计文种写作模板。写作模板能帮助学生认识各种文种的内容要点、格式规范和写作要求，让学生感觉有"板"可依，降低学习难度，激发学习信心，提高教学效果。

4. 注重实训教学。全书每一文种中的"任务实施"是撰写和修改"任务导入"中的写作任务；在"任务拓展"中又设置了巩固学生写作技能的"改一改""写一写"实训项目，这样丰富的实训内容能激发学生的写作兴趣，让学生掌握写作技能。"任务拓展"中的"改一改""写一写"实训项目，均有参考答案及参考文稿，以帮助学生打开修改和写作的思路。

本书在编写过程中，借鉴和参考了大量相关教材、报刊、网络资料等，其中多数例文因被多次转载，无从查找出处，故未标明资料来源，在此对相关作者和各类媒体表示衷心的感谢和诚挚的敬意！

由于本人水平有限，本书难免有不足之处，敬请同行和使用本书的老师和同学提出宝贵意见。

编者

目 录

CONTENTS

✦ 项目概述

　　应用文是人类在长期的社会实践活动中形成的一种文体，是人们传递信息、处理事务、交流感情的工具，有的应用文还用来作为凭证和依据。随着社会的发展，人们在工作和生活中的交往越来越频繁，事情也越来越复杂，因此应用文的功能也就越来越多了。

　　通过本项目的学习，学生应理解应用文的含义与特点、主题与材料、思路与结构、表达与语言，能在现实生活和工作中使用应用文。

✦ 学习目标

能力目标

　　1. 能够将应用文的理论知识运用到应用文写作的实践中，把握应用文的语体风格。

　　2. 能够熟练阅读应用文，分析应用文的写作内容和写作结构。

　　3. 初步掌握应用文程式性的具体表现方式，能区别应用文与文学作品。

知识目标

　　1. 理解应用文的含义和特点，识别应用文和其他文体的差异。

　　2. 理解应用文的语体特征，熟知应用文的写作要求。

　　3. 掌握应用文的主题、材料、结构、语言表达的特点和要求。

素养目标

　　1. 培养应用文"语言建构与运用""思维发展与提升""审美鉴赏与创造""文化传承与理解"等综合素养。

　　2. 形成求真务实的应用文写作文风。

任务一　认知应用文的含义与特点

任务导入

　　有个书生在外地求学，他写信十分啰唆。有一次，他给父亲写信，说帽子发霉，洋洋洒洒写了两大张。父亲很生气，回信叫他写信精练些。这一次，书生想让家里带些新鲜菜给他吃，带一些草来给他铺床，又想起家乡正发牛瘟，叫家人注意保护耕牛，还要向父亲问安。一共四件事，他想起父亲的吩咐，把四件事缩成四句简短的话：在校无菜吃，赶快送草来。家里发牛瘟，父亲可安否？书生这次的书信写得怎样？书信属于应用文，你知道什么是应用文吗？

任务要求

　　1. 理解应用文的含义和特点。
　　2. 能识别应用文和文学写作的差异。

任务准备

一、应用文的含义

　　应用文是党政机关、企事业单位、社会团体及人民群众在处理日常公、私事务时所使用的具有一定格式的实用性文体的统称。

二、应用文的特点

1. 实用性

　　所谓实用性就是解决实际问题。应用文所体现的实用性就是要在现实的政治、经济、

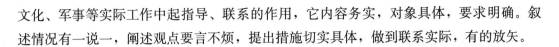

文化、军事等实际工作中起指导、联系的作用，它内容务实，对象具体，要求明确。叙述情况有一说一，阐述观点要言不烦，提出措施切实具体，做到联系实际，有的放矢。

2. 明确性

应用文的阅读对象大都很明确。不论是公务文书的通报、请示、报告、函，还是礼仪文书中的请柬、感谢信、欢迎词、欢送词，或是事务应用文中的申请书、启事、计划、总结等，都有明确的阅读对象，不能任意扩大或缩小。

3. 程式性

应用文一般具有惯用的写作格式。其惯用的格式一是人们长期使用逐步形成并为社会公认和接受的，是约定俗成的，如计划、总结、申请书的格式；二是有法规所确认的，是法定使成，如党政机关公文的格式。程式性是提高应用文写作质量和行文效率、增强权威性和约束力的重要保证。

4. 时效性

应用文的时效有两种含义：一种是内容的时效，另一种是办文的时效。有的应用文，如合同和公文，一般都要标明生效或执行的具体时间。有的应用文虽没有标明具体时间，但同样也有很强的时效性，过期则无效或作用不大。例如，许多部门的工作计划、总结，都有一定的时间限制，时效性较强。所以，不论是写作应用文，还是办理应用文，都要注重时效；否则，就会贻误工作，造成损失。

5. 简明性

应用文的语言在准确、得体的基础上必须做到简明。"简"就是简练，要求用语精练概括，避免堆砌、累赘，尽量使用短句，将可有可无的字、词、句一律删去；"明"即明白、明确，要求用准确、精当的语言清楚地表达意思，直白而不含蓄，不能有歧义，言简意赅，使看的人一目了然。

6. 朴实性

朴实是应用文区别于其他文体语言的基本风格。大多数应用文在笔法上应直陈其事；在表达上多用叙述、说明、议论，一般较少用描写；在修辞手法上除少数文种外应少用或不用比喻、拟人、夸张等；在用词上一般很少用华丽的修饰语，应力求平实易懂。

三、应用文写作与文学写作的区别

1. 从功用性角度来看

应用文写作具有直接的功用性，它主要是用来办理事务、解决工作中的实际问题的；

文学写作不以直接办理事务为目的，以塑造艺术形象反映社会生活为宗旨。

2. 从真实性角度来看

应用文完全排斥虚构和杜撰，要求所依据的材料真实、准确，内容实事求是；文学作品要求的是艺术真实，即文学作品中的人物和事件能反映社会生活的某些本质方面或发展趋向，因而不要求写真人真事，可以进行虚构。

3. 从语言表达角度来看

应用文的表达要求准确，不至于产生歧义，简明精练，具有平实的特点，对比喻、比拟、借代、夸张、衬托等修辞方式的使用有一定限制；文学写作，多用上述修辞方式，以达到特定的艺术目的。

4. 从思维与结构角度来看

应用文写作侧重于逻辑思维；而文学写作侧重于形象思维。应用文多数有惯用格式，且具有一定的稳定性；而文学写作，除了旧体诗词，一般没有惯用格式。

✦ 任务实施

根据"任务导入"完成下列任务。

1. 填写应用文的相关要素

名称	内容
应用文的含义	
应用文的特点	

2. 请你以书生的名义给父亲写一封信

3. 分析、修改撰写的书信

✦ 任务拓展

改一改

阅读下文，修改并结合本例说说应用文的特点。

昨天下午放学后，我骑车回家途中，不慎跌倒，扭伤足踝，不能到校学习，需要请假，务必批准。祝身体健康，万事如意！

学生：李明

写一写

24级机电（3）班学生吴歌在学校实训处领取了实习工作服、钳工组合工具各36套，工具箱钥匙36把，实训处负责人让他写一张凭据。请你代吴歌撰写这份凭据。

任务二　了解应用文的主题与材料

××公司15周年庆典餐会祝酒词

尊敬的陶××女士、谭×女士、王××先生，女士们、先生们：

今天，我们怀着无比喜悦的心情，在这里欢聚一堂，隆重庆祝××公司成立15周年暨《红楼梦》音乐会的成功举办。在这个令人难忘的时刻，各位长期关心和支持我公司发展的领导、嘉宾、同行，怀着深厚的情谊来到这里，给我们送来了真挚的祝福。在此，我代表公司及全体员工向出席今天庆典餐会的领导、嘉宾、同行及朋友们表示热烈的欢迎和衷心的感谢！

今天出席餐会的各位来宾中，有许多是我们的老领导、老朋友，我们之间有着良好的工作关系。我公司通过15年的发展能取得今天的成绩，离不开在场各位的大力支持。可以说，没有你们就没有今天的××公司，没有你们就没有今天的聚会，为此，请允许我再次向各位表达最真挚的谢意！

在公司全体员工的共同努力下，××公司由小到大、从弱到强，从一个默默无闻的小公司发展成为行业内的知名企业，这是我们大家共同努力的结果。今天，我们有幸邀请到了王××先生等诸位艺术家，为大家献上经典的《红楼梦》音乐，这既是对高雅作品的推广，也是对公司全员的付出、领导朋友的关爱的最好回馈。

回顾公司15年的发展史，我们走过的是一条艰难曲折的道路。创业初期，我们可以说是在生死存亡的边缘挣扎。在整个行业激烈竞争的形势下，我们凭着顽强的毅力和坚定的信念，脚踏实地，开拓进取，一步一个脚印地走了过来。经过15年的发展，我们取得了一些令人欣喜的成绩：公司多年被评为市优秀装饰企业，大大小小的工程项目也获得业主的广泛认可；公司综合实力不断增强，市场竞争能力也稳步提高。

今天，我们更期望把公司塑造成一个经典品牌。正是有这样的想法，我们组织了这次《红楼梦》音乐会。我们就是希望用这样不朽的艺术瑰宝来激励自己，朝着成为行业内的经典这一目标，不懈地奋斗下去。

最后，我提议，为了我们之间日益增进的友谊，为了音乐会的圆满成功，为了××公司的下一个 15 年，干杯！

董事长、总经理　张××

202×年×月×日

请同学们分析这篇祝酒词的主题是什么，作者为什么要回顾企业发展的历史，举办《红楼梦》音乐会对这一庆典有着怎样的特殊意义。

任务要求

1. 了解应用文的主题和材料的含义。
2. 掌握主题的要求和材料选择、使用的要求。
3. 能正确处理好应用文主题与材料的关系。

任务准备

一、应用文主题的含义

写作任何文章都要有主题。主题，又称主旨、立意、中心等，具体地说，主题就是通过文章的具体材料所表达的中心思想、基本观点或要说明的主要问题，是作者对客观事物的评价和态度。

二、应用文主题的要求

应用文的主题必须符合以下要求：

1. 正确

主题正确是应用文的基本要求。应用文的主题要符合党和国家的方针政策和法律法规，符合机关单位的基本要求和主张，能反映事物的本质，符合客观事物发展的规律，具有科学性。

2. 鲜明

鲜明是指作者在应用文中要用直接明确的语言把主题揭示出来，使人一目了然，马上能了解到文章的观点、目的和意图。如果主题含糊不清，应用文的实用价值就无法实现。因此，在应用文写作中，作者肯定什么、否定什么、赞扬什么、批评什么、歌颂什么、鞭挞什么，提倡什么、制止什么，态度必须明朗，不能含糊其词、模棱两可。

3. 集中

一篇应用文只能有一个主题，材料使用、谋篇布局、遣词造句都要为突出这个主题服务。应用文基本观点的表达要概括、集中，写作时要用简明、扼要的语言将其表述清楚。

4. 深刻

深刻是文章质量的重要因素之一，是指应用文确立的主题能揭示事物的本质，反映事物的内部规律，有着深刻的思想意义。深刻的主题不仅表现在反映事物的真实与正确方面，还要给人以启迪，发人深省。因此，在应用文写作中，作者要跳出具体材料的范围，站在时代的高度，高屋建瓴地把握事物的深层内涵，使写出的文章"见人所未见，发人所未发"。

5. 创新

创新是指主题新颖，不步后尘，不落窠臼。古人曰："文贵创新。"创新主要体现在立意上。因此。应用文的立意要新，作者要能根据时代精神立意，从文章的实用价值考虑，表现出新的认识、新的观念，善于发现新的角度、新的事物，适时提出新的措施、新的方法，给人以新鲜感。

三、应用文材料的含义

应用文材料，是指为了写作应用文而采取的用于提炼、确立、表现写作主题的事实和观念。它包括作者在写作前收集和积累的各种事实、数据、意见、观点、经验、问题，以及上级有关指示精神等，也包括经过选择写进文稿中的表现主题的所有材料。从文献书籍中收集来的未经加工整理的事实和道理，统称为资料。

四、应用文材料的收集

写作应用文，要扎扎实实地做好材料的收集工作。收集材料要广泛、全面，尽可能多地占有第一手材料，并进行筛选，从中得出正确的观点。

1. 通过调查研究收集直接材料

直接材料是写作者有计划、有目的地深入基层，通过观察和调查的途径获得的第一手资料。直接材料最切实、具体、生动、可信，也最有说服力。

2. 通过查阅文献收集间接材料

间接材料是写作者从报刊、书籍和档案资料中收集的研究资料及历史资料，以增长自己的见识，弥补直接材料的不足。

3. 注重学习积累，建立写作材料库

写作应用文需要掌握多方面的知识，写作者要注重学习党和国家的方针政策，还要学习与自己岗位相关的业务知识，并注重记笔记。写作者可根据自己的工作性质和任务，在工作过程中通过写日记和写备忘录来收集自己需要的工作材料，从而建立自己的写作材料库。

五、应用文材料的选择

收集、积累材料后还要经过一个处理过程，这样才能将这些材料运用到文章中去。只有那些能够证明或说明主题的材料才是我们需要的。选择材料要遵循以下几个原则：

1. 选择切题的材料

材料要有针对性，能说明主题。材料形成主题，而主题支配材料的选择、使用和安排。主题要靠材料来支撑，材料要为表现主题服务。

2. 选择真实的材料

写入应用文中的材料必须是真实的，必须是真人真事，包括时间、地点、人物姓名、企业名称、数字以及事件的经过、原因、结果等。材料要经过核实才能使用。

3. 选择典型的材料

应用文不能堆砌材料，要选择有代表性、有说服力的典型材料，这些材料能够表现和说明同类事物的实质及发展规律。典型材料能够揭示事物的本质和规律。

4. 选择新颖的材料

新颖的材料是指那些反映新事物、新情况、新问题和新经验的材料。新颖的材料具有强烈的时代感，能带给读者新鲜感，从而达到写作目的。

六、应用文材料的使用

收集和选择材料之后，还要重视材料的使用。材料使用得好，就能有力地表现主题；材料使用得不恰当，就会削弱主题。材料的使用要注意以下几点：

1. 材料切合主题

写作应用文要反复鉴别和删选材料，力求从纷繁的材料中找到最切合主题的材料。应用文的主题与材料必须吻合，凡是与主题无关或关系不大的材料，一定要慎重使用。

2. 材料符合文体

不同的文体要使用不同的材料。例如，学术论文、调查报告和工作总结等应用文往往要分成若干部分，而这些部分的划分就是按已有材料的不同属性以及表现主题的需要来安排的。有些材料作为写作应用文的依据，不必写入文章；有些材料是文章的论据，就必须写入文章。

3. 材料详略适宜

应用文写作要根据材料的主次做到有详有略、疏密相间、重点突出。作为主要论据的材料应当详写，辅助材料要略写，这样才能突出重点。说明现实问题及新观点的材料应详写；历史性的材料应略写。读者不了解或特别想了解的要详写；反之，就略写。

4. 材料顺序得当

材料不能随意摆放在文章中，材料的先后顺序应安排得当，这样才能突出重点，例如，写作消息要按照"倒金字塔"结构，即按照内容的重要、次重要、次要顺序安排材料，以便于阅读者接收信息。

任务实施

根据"任务导入"完成下列任务。

1. 填写应用文主题与材料的相关要素

名称	内容
应用文主题的含义	
应用文材料的含义	
应用文主题的要求	
应用文材料选择和使用的要求	

2. 请你完成"任务导入"中的任务

3. 分析、修改"任务导入"中的任务

任务拓展

改一改

下面是一篇简报，请概括文章主题，分析文章的主题与材料的关系，并按照简报要求进行修改。

强化管理责任意识　努力提高管理水平

——××公司召开"××杯"安全知识竞赛活动和安全生产月教育培训大会

会上，特邀集团公司安全管理部经理刘××到会授课。刘经理身着红色衬衣，黑色西裤；红光满面，神采奕奕。授课过程中，刘经理旁征博引，娓娓道来，通过对下半年以来全国发生的重大、较大的十起安全事故案例的剖析、讲解，给大家上了一堂直观、深刻的安全教育课，使大家感受到安全事故的残酷无情和自身责任的重大，受到了极大的警示和震撼，受益匪浅。他特别指出：项目部是安全管理工作的重点，抓好安全生产的关键是要落实好安全生产责任制，项目部的执行经理、技术总工、安全员，都是安全管理的责任人，肩负着安全生产的重大责任，都必须认真履行好自己的职责，谁不尽职尽责，一旦出现事故，根据集团公司安全事故追责体系，"谁的责任谁负责"。刘经理的演说观点中肯，入情入理，获得观众雷鸣般的掌声。

××公司生产经理张××传达了集团公司董事顾××在集团公司"6.4"会议上对集团公司下一步安全工作做出的六个方面的重要部署；张经理结合分公司实际，提出了分公司安全管理的具体要求，特别是对分公司目前安全管理中存在的不良现象进行了严厉的批评，对在贯彻落实安全标准化管理的过程中表现突出的项目部给予了充分的肯定。

············

支部书记、工会主席牛××传达了集团公司副董事长李××同志在集团公司"6.4"安全工作会议上关于进一步推动安全生产提出的三点要求，传达了工会主席乔××对"××杯"安全知识竞赛活动、安全生产月等活动所做的重要指示，并就分公司"××杯"安全知识竞赛活动的开展提出进一步的要求：……

最后，与会人员进行了安全生产签名活动。大家深知，在此签下的不仅是自己的名字，更是我们对"弘扬企业安全文化，加强班组安全管理"的一种承诺，是我们诚守安全责任、期盼祥和幸福的一个美好愿望。

为贯彻落实集团公司6月4日《安全警示和安全工作会议精神》，强力推进安全管理和"××杯"安全知识竞赛活动，202×年6月12日下午，××公司在市××会议中心工地召开了"××杯"安全知识竞赛活动和安全生产月教育培训大会。大会有分公司生产部、各项目经理、执行经理、技术总工、安全员参加。支部书记、工会主席牛××主持。集团公司安全管理部经理刘××到会授课，分公司经理贾××，支部书记、工会主席牛××，副经理张××等在会上讲话。

◆ **写一写**

请根据以下资料，围绕卢作孚的乡村建设理念及其现实意义，写一份导学材料。要求：（1）内容全面准确；（2）层次清楚，分条作答；（3）不超过600字。

卢作孚1893年出生于原四川省合川县（现重庆市合川区）一个世代农耕的家庭。作为一个没有念过大学的农家子弟，他却创造了中国现代经济史、社会史、文化史、教育史上的奇迹。卢作孚创办的民生公司是中国近现代最大最有影响的民营企业集团之一。

1927年，卢作孚开始在中国西部开展以北碚为中心的嘉陵江三峡乡村建设实验，他被誉为"北碚之父"，与晏阳初、梁漱溟并称中国现代史上"乡村建设三杰"。他的核心思想是：中国的现代化，基础在"乡村现代化"。他认为："乡村是不断供给城市人口的地方。如因教育缺乏，供给的都是无知识的人口，那不惟于城市文明没有帮助，反而妨碍不小，乡村教育不发达，不但是乡村问题，而且变成城市问题了。"而"乡村经济事业如没有（和城市）同样的速度进展，亦必引起城市原料的恐慌"，大量农村人口涌向城市，"城市人口无休止地逐渐增多，更会成为城市问题"。这些近百年前说的话，仿佛针对的就是当下的现实。他始终抓住城市与乡村发展的关系，来思考中国的发展问题，从而突出乡村建设的基础意义，抓住了要害。

"乡村现代化"既是一个现代目标，更规定了推动乡村运动的范围与方法。这也是最具启发性之处。从事乡村运动，既要落实为一个个具体问题（教育问题、救济问题等）的解决，但又不能局限于此，要有一个"乡村现代化"的大视野、大目标，既立足局部，又着眼全局。

卢作孚在设计嘉陵江三峡乡村建设时，一开始就提出了"要将嘉陵江三峡布置成为一个生产的区域、文化的区域、游览的区域"的目标，并且具体规划为经济建设、文化教育建设、社会建设、环境建设、自治建设等几个方面。这表明，卢作孚的"乡村现代化"是一个"全面现代化"的概念，并不局限为物质的建设，而追求乡村政治、经济、文教、社会、环境全方位的改革。

其一，卢作孚规划中的文化教育建设。不仅以"教育事业"为中心，而且把"研究事业"放在突出的位置。在他看来，乡村建设必须建立在科学研究的基础上，他因此强调服务于乡村建设的研究，"要注意应用的方面，有生物的研究，有理化的研究，有农林的研究，有医药的研究，有社会科学的研究"。后来北碚建立了西部科学院，就具体体现了他的这一思想。在城镇设立研究机构，当时这在全国是一个独创。

其二，卢作孚特别重视社会建设。他不仅积极发展公共文化娱乐建设，创办博物馆、图书馆、运动场，而且大力推动"公共事业"，开展"社会工作的运动"，这背后又是"人"的建设。他要通过这些公共事业，培育新的"人民"："皆有职业，皆受教育，皆能为公众服务，皆无不良嗜好，皆无不良习惯"。

其三，卢作孚对环境建设也倾注极大热情。他提出"凡有市场必有公园，凡有山水雄胜的地方必有公园"，他的理想是把北碚乡村建设实验区建设成"皆清洁，皆美丽，皆有秩序，皆可居住"的人间净土、乐园。

其四，卢作孚在推动乡村社会建设时，特别关注的是所有的公共事业，都要"大众出钱，大众出力，而且是大众主持"，"由这些具体的活动引起大众管理公共事务的兴趣，以形成大众管理公共事务的方式"。

如何着手推进乡村现代化？卢作孚的回答是："政治、经济、文化这三方面的建设诚当并重，但更当以经济建设为中心，更当集中一切力量于经济建设。"只有经济建设的发展，才能"增进人民的富力"，人民富裕了，才能增进其"完纳赋税的负担力"，从而增强国力。而卢作孚更要强调的，是"经济活动为国家最大多数人所必须参加的活动"，经济建设是最能动员最广泛的民众参与的。

他自己也身体力行，以民生实业公司总经理和北碚峡防局局长的双重身份动员民生实业公司的财力、物力和人才、技术优势，全力支持北碚峡区的乡村建设，着手五大工程建设：投资煤业，开创峡区煤矿业；投资交通业，修筑铁路；投资纺织业，建立大明染织厂；投资科学研发，创建科学院、博物馆；投资教育，创办兼善实业股份有限公司，以企业养学校。而民生公司自身也从中获得了发展新机遇：不仅获得经济利益，而且利用乡村建设所提供的良好的社会、学习环境，培训了近千名的建设骨干人才。卢作孚力图构建一个"以工辅农，工（工商业）农（乡村建设）互动"的发展模式，其意义和影响是深远的，这一点在强调以工哺农，建设新农村的今天，就看得更加清楚了。

卢作孚乡村建设思想最核心的一个层面，是他所提出的"训练人是一切问题的中心问题"的命题与任务，他提出以"人人都能自立，人人都立人"为乡村建设的根本目标。这包含两层意思：一是乡村现代化建设最终要落实到"立人"，即我们今天所说的"人的现代化"，二是乡村现代化建设又要依"人人都能自立"的建设者去推动。

任务三 掌握应用文的思路与结构

任务导入

　　某产品销售疲软，通过调查，发现有营销渠道不畅、广告不力、包装陈旧、产品式样单一、质量下降等原因；经过分析，质量下降是主要原因；进一步分析，发现质量下降的原因是一线工人不顾质量，检验工不负责任；又深入分析，造成这种情况是因为管理不善，制度不严，职工普遍缺乏质量意识；再追本溯源，发现根本原因是厂领导班子缺乏市场优胜劣汰的竞争意识，只抓产品的数量、产值，忽视产品的质量。

　　阅读了上文后，请你说说文章在寻找产品销售疲软原因时用了什么思路，应用文的常用思路有哪些。如果你所在的企业也遇到产品销售疲软，请你去调查原因并列出调查报告的提纲。

任务要求

　　1. 了解应用文的思路和结构的含义。
　　2. 掌握应用文常用的思路和结构要素。
　　3. 能分析应用文各要素。

任务准备

一、应用文的思路

1. 应用文思路的含义

　　思路就是客观事物反映在文章中的思想路线，是写作时构思文章的关键，是阅读时理解文章的枢纽。构思是思路的外在表现，作者在构思活动中，经过反复思考之后形成文章的思想路线。

著名语言学家张志公先生在《怎样锻炼思路——谈文章的结构》一文中写道："作者的思路是他对客观事物怎样观察、理解、认识的反映。思路不是凭空产生的，而是以客观事物为基础的。客观事物反映在作者头脑里，经过观察、理解、认识的过程，形成了他对这种事物的印象、看法、态度或感情。把这些印象、看法、态度或感情理出个头绪来，就是所谓思路。"因此，只有理清文章思路，才能正确理解作者的看法、态度或感情。

2. 应用文的构思过程

构思是指写作过程中根据一定的表达意图和文章体裁要求锤炼写作思路的一种特定的思维活动。构思是写作的初始阶段，也是最重要的阶段。

应用文的构思过程主要考虑两方面的问题：一是构思写什么，即考虑写作内容；二是构思怎样写。

构思写什么，首先，要根据写作目的明确写作主题。例如，某单位开展周年庆典活动，需要撰写活动计划。写作者首先就要明确本次活动的主题，交代活动的基本情况，阐明活动的目的和意义。确定主题要注意两点：一是求真务实，要在客观事实中确定主旨，不能虚假臆造；二是科学创新，即便是一篇活动计划，也要考虑活动内容是否有新意。其次，要构思写作内容。主题确立之后，要考虑选取哪些材料作为写作内容。如周年庆典活动要紧扣主题安排活动内容，活动计划正文要写明本次活动的具体内容和流程。构思写作内容要注意三点：一要审视材料是否真实、准确；二要考虑材料是否丰富、充实；三要研究材料与主旨之间的关系是否逻辑严谨。

构思怎样写，就是酝酿思路、谋篇布局。所谓酝酿思路，就是根据表达主旨的需要，理顺内容之间的关系，安排叙述的顺序。所谓谋篇布局，就是酝酿文章的整体框架。有了清晰的写作思路，还要考虑言之有序、符合章法。如写自我推荐信，在明确求职意向后，要根据应聘的职位写明自己的才能和特长，充分展示自己在专业知识、工作能力、工作表现等方面的竞争优势。

3. 应用文的构思特点

应用文写作的构思，在遵循文章写作构思一般规律的同时，也要遵循自己的构思特点。

（1）思维主体体现群体意愿。

应用文写作，大多反映的是单位的意志、集体的主张，它的构思集中了来自领导和群众的各方面意见，是群体意愿的结果。

（2）思维模式体现定向思维。

应用文写作构思时往往根据一定的意向确立主题。写作内容要遵循党和国家的方针政策，要符合本单位领导的意图、群众的意愿、工作的实际。在写作形式上，应用文对结构、语言和行文都有一定的要求，有些文体甚至有固定的格式。

（3）思维方法运用逻辑思维。

应用文写作的构思是概念、判断、推理的思维形式，要在现象中体现本质，要在纷杂中归纳主旨，要靠严密的逻辑论证来表述作者的意图和主张，必须使用逻辑思维进行构思。

4. 应用文的常用思路

（1）归纳思路。

归纳是一种推理方法，即由一系列具体的事实概括出一般原理。归纳思路就是归纳推理，是一种由个别到一般的论证方法。它通过许多个别的事例或分论点，归纳出其共有的特性，从而得出一个一般性的结论。归纳法又分为完全归纳法和不完全归纳法。

完全归纳法，又叫做枚举法，是将研究对象都一一考察后而推出结论的归纳法，结论真实、可靠。通常在事物包括的特殊情况不多时，采用完全归纳法。

不完全归纳法是根据一个或几个（但不是全部）特殊情况作出一般性结论的推理方法。

（2）演绎思路。

演绎思路是指从普遍性结论或一般性事理推导出个别性结论的推理方法。在演绎推理中，普遍性结论是依据，而个别性结论是论点。演绎推理的主要形式是三段论，即大前提、小前提和结论。大前提是一般事理，小前提是论证的个别事物，结论就是论点。运用演绎推理，作者所根据的一般原理即大前提必须正确，而且要和结论有必然的联系，不能有丝毫的牵强或脱节，否则会使人对结论的正确性产生怀疑。

（3）比较思路。

比较思路是通过观察、分析，找出研究对象的相同点和不同点。它是认识事物的一种基本方法。比较思路可分为纵向比较和横向比较。

纵向比较即比较同一事物在不同时期的形态，从而认识事物的发展变化过程，揭示事物的发展规律。横向比较是对空间上同时并存的多种相关事物的同层次的比较，从中可以了解同类事物的大小、多少、优劣。

比较要注意事物的可比性，即比较的标准要一致。比较时要注意抓住事物的本质特征，以更深刻地认识和把握事物的异同和性质。此外，还要注意比较的灵活性，根据实际情况和写作需要，多角度、多方面对事物作比较，以便更全面、更准确地认识事物。

（4）因果思路。

因果思路是指根据事物因果联系的必然性，运用探因和寻果的思维方法形成文章思路。因果思路帮助我们从两方面加以思考：根据原因找结果；根据结果找原因。

二、应用文的结构

1. 应用文结构的含义

应用文的结构，是指对应用文的内容进行安排，是应用文的内部组织形式和构造，即文章的谋篇布局。如果把观点看作灵魂，把材料看作血肉，那么结构则是整篇文章的骨架。具体来说，观点解决文章"言之有理"的问题，材料解决文章"言之有物"的问题，而结构则是解决文章"言之有序"的问题。

2. 应用文结构的特点

（1）规范性。应用文体的文章一般都有相对稳定的结构模式，要熟练地掌握这些格式要求，根据不同的文种使用相应的格式。尤其是法定公文和法律文书，具有法定的权威性，对格式的要求更为严格。

（2）条理性。应用文的条理性指的是其段落层次、过渡与照应、开头与结尾等均应严谨有序，充分反映出客观事物的逻辑规律和作者的理性思路。

3. 应用文结构要素

应用文结构要素有标题、开头、结尾、主体部分的层次与段落、过渡与照应等。

（1）标题。

应用文标题不仅要求充分体现主题，而且还有一定的规范要求，这与文学作品形式多样、灵活多变的标题有着明显的不同。拟定标题的要求：一是要贴切，就是标题能概括文章，文章切合主题；二是要简洁，即用最少的文字，概括全文的内容，做到言简意赅。应用文的标题大致有以下四种形式：

①公文式标题。这类标题由文章制发者、主要内容（事由、事项）、文种名称三部分构成，在制发者与事由之间常用"关于"这一介词连接。如"全国人民代表大会常务委员会关于维护互联网安全的决定""国务院关于进一步促进中小企业发展的意见"。公文、部分法规规章文书以及部分事务文书如调查报告、计划、总结等常用此类标题。

②新闻式标题。此类标题又可分为单行标题和多行标题两种形式。

单行标题是对新闻内容的高度概括，如"小商品也要高质量"。

多行标题由引题、正题和副题组成。引题在正题之上，交代背景、说明新闻的意义；正题概括新闻的主要内容，副题在正题之下，对正题起补充说明作用。

如：数字基建、平台赋能打造精品农业（引题）

　　建德一颗草莓卖出 99 元（正题）

又如：春运收官，宁波交出水上交通成绩单（正题）

渡运旅客 40 万人次，渡运车辆 8.8 万台次（副题）

简报、调查报告、总结、述职报告等事务文书常用新闻式标题。

③论文式标题。这类标题或表达文章的观点或点明所论述的范围，如"核心竞争力——企业制胜的根本""××县农村劳动力转移的调查与思考"。学术论文和部分调查报告等常用此类标题。

④文种式标题。以文种名称为标题，如"民事起诉状""寻人启事""感谢信""申请书"等。诉状类文书、启事、合同、部分礼仪文书等常用此类标题。

（2）开头。

开头应当点题或揭示应用文的内容走向，并领起下文。应用文的性质与特点，决定了其开头必须直截了当、开门见山、简洁明了。应用文常用的开头方式有以下几种：

①缘由式：以交代写作缘由开头，这是应用文开头最常见的写法。具体来说有以下四种模式。

原因式。开头交代发文原因或写作起因、事项缘由等，常用"由于……""鉴于……""因为……"等句式表达。

目的式。开头陈述发文的目的、意义等，常用"为""为了"等介词领起下文。

依据式。开头引用上级指示精神或有关法律法规，常用"根据""按照""遵照"等词语领起下文。

综合式。将上述开头方式合并使用，使行文理由更充分，意义更清楚。

缘由式开头使用很广泛，通告、通知、意见、请示、计划等文种常采用这种方式。

②引述式：以引述来文来函关键内容（一般是引述标题、来文时间、发文字号等）作为开头，表明写作意图。这种写法常用于公文中的函、批复等回复性文章。

③概述式：指围绕主题概括叙述有关情况或背景的开头方式。报告、会议纪要、总结、述职报告、调查报告等文种常常采用这种开头方式。

④结论式：把所谈论问题的结论放在前面，开头作出评价，然后再进行叙述或分析，说明产生这个结论的事实和依据。总结、可行性分析报告、市场调查报告等都可采用这种方式。

⑤提问式：开头提出问题，以引出下文。这种开头方式能引起读者的注意和思考，常见于调查报告、学术论文的写作。

⑥问候祝贺式：社交礼仪文书常用此开头。

（3）结尾。

应用文结尾的目的是强化主题、明确任务，以达到预期的应用目的。应用文的结尾要求自然、有力，言尽意尽，不留"余味"。常用的结尾方式有以下几种：

①模式套语式：采用模式化的惯用语作为结尾，它们语义明确、用法固定。如通知、通告、批复结尾常用模式语"特此××"。

②期求式：表达愿望请求的结尾方式。常用于公文的上行文或平行文，如请示的结尾通常是"当否，请批示""以上内容如无不妥，请批准"；函的结尾常用"专此函达，请予函复""可否，请函复"等。

③执行要求式：在结尾处向下级提出贯彻执行要求。公文中的下行文常采用这种结尾方式，如"请认真执行""请遵照执行""请参照执行"。

④希望号召式：在结尾部分展望未来、发出号召、提出希望、鼓舞斗志。这种方式常用于决定、通报、计划、总结、贺信等文种。

⑤总结强调式：运用简洁明了的语言，概括全文内容，加深读者的印象。总结、调查报告、学术论文等篇幅较长、内容较多的文种常用这种结尾方式。

⑥建议式：针对设定的目标、产生的问题提出意见和建议。

⑦结论式：对文中的主要问题加以归纳、总结，得出观点或结论。

⑧说明式：对与主体内容有关的问题或事项作补充交代、说明。如公文结尾交代施行日期、执行范围、传达对象、与该文规定不符的原有规定如何处置等；论文结尾处说明尚未解决而应另作讨论的问题。

此外，也有的文章没有专门的结尾，事尽言止，自然收尾。

（4）主体部分的层次与段落。

层次指文章思想内容表现的次序。层次在内容上有相对独立性，但层次之间又有意义和结构上的连贯性。安排层次主要依文章的内容和性质而定。一篇文章的层次是否完整、清楚、合乎逻辑，直接关系到主题的表达，并影响读者对文章内容的理解。

应用文层次安排的常见方式有以下几种：

①总分式：指各个层次之间表现为先"总"后"分"，或先"分"后"总"的结构形式。有些篇幅较长的文章如报告、总结、调查报告、会议纪要等则常采用"总、分、总"的形式。

②并列式：指各个层次之间的逻辑关系互为并列的结构形式，如合同、意向书、招标书、投标书等文种常用这种方式。

③递进式：指各个层次之间由浅入深、层层深入的结构形式，如意见、报告、通报等文体就常按递进关系安排层次。

④因果式：指各个层次之间按前因后果或前果后因顺序安排的结构形式，如请示等文种。

⑤时序式：指以时间先后为顺序，按照事物的发生、发展、变化过程安排层次的方式，常用于报告、总结、会议纪要、市场调查报告等。

段落指文中能够表达一个完整意思而又相对独立的基本构成单位，是在行文中，由于转折、间歇及强调等情况而自然形成的分隔、停顿。习惯上称作"自然段"。分段的目的，在于使文章表达条理化，把作者的思路和文章内容清晰、有序地表现出来，同时使文章有间隙、有停顿。

应用文的段落形态有以下几种：

①小标题式：篇幅较长、内容涉及方面多的应用文，一般运用小标题醒目地标出若干观点或内容范围。各小标题应属同一逻辑层次，语言要简洁，力求字数相近、句式接近、整齐均衡。

②标序式：即用数字标出主体内容的层次。使用条件与小标题式接近，一般是在条理分明但难以提炼恰当小标题的情况下运用。

③条目式：又称条款式、条文式，即用分条列项的形式安排结构。规章制度、公文的事项部分、合同与协议的条款部分常采用这种结构形式。它的好处是条理清晰、醒目，便于识别与执行。

④独段与分段式：内容简单的文章，往往无须小标题、标序和条目，一气贯通或分段表述。

⑤表格式：这是应用文所特有的一种文面形态。表格式通常有两种情况：一是由职能部门、管理部门或其他单位，事先印制好表格式的规范文本，将有关内容分项列出，留出空白，让使用者按规定填写。如申请专利、商标的文书，合同等文书，大都采用这种形式。二是根据写作目的与需要，临时制作的表格式文书，将有关数据编制成表格。

（5）过渡与照应。

过渡是文章上下内容、段落之间的衔接、转换。在行文中需要从一个意思转到另一个意思，从一个段落进入另一个段落时，如果没有衔接的文字，文章就会显得突然，意脉也不会贯通。过渡的作用是承上启下，使文章脉络畅通，完整严谨。应用文常用的过渡方式有以下几种：

①过渡词：如"因此""总之""由此可见""综上所述""既然""那么"等。

②过渡句：如"现将有关事项通知如下""现就××问题请示如下"等。

③过渡段：以一个独立的自然段来承转过渡。

照应是文章前后内容的关照与呼应。它的作用是使所表达的内容首尾圆合，前后连贯，使文章成为一个有机的整体，脉络清晰，结构严密，也能帮助读者更好地理解内容的发展。应用文常用的照应方式有以下几种：

①文题照应：包括文章内容与标题照应、文章主题与标题照应、文章开头与标题照应、文章结尾与标题照应等。

②首尾照应：指文章开头与结尾照应。如总结、述职报告、市场调查报告等常采用这种方式。

③行文前后照应：指围绕主题，在行文中所作的照应。

任务实施

根据"任务导入"完成下列任务。

1. 填写应用文的相关要素

名称	内容
应用文思路的含义	
应用文结构的含义	
应用文结构要素	

2. 请你写出"任务导入"中的思路及调查报告的提纲

3. 分析、修改调查报告的提纲

任务拓展

改一改

下面是一份方案，请修改。

<h3 style="text-align:center">××手机推介会方案</h3>

一、会议名称

××公司××手机推介会

二、会议议程

1. 优秀销售商代表发言交流经验。

2. 总公司经理为现场订货会致辞。

3. 公司总经理致辞。

4. 会议筹备分工。

三、会议日程（详见附件）

四、会务组（负责人：李英）

制发会议通知；制发会议证件；撰写新闻稿

五、后勤接待组（略）

六、宣传保卫组（略）

附件：略

×× 公司办公室

✦ 写一写

请给下文补上开头和过渡句。

××市人民政府关于实施机动车交通事故快速处理的通告

一、对机动车在本市范围内（含高架道路上）发生的仅造成车辆损坏、无人员伤亡的交通事故（以下简称车损事故），财产损失轻微、基本事实清楚，并且车辆能够继续驾驶的，当事人应当立即将事故车辆自行撤离现场，实行快速处理。

二、当事人将事故车辆移至附近不影响交通的地点后，应当自行协商处理车损事故。需要办理理赔事宜的，当事人应当报警备案，并填写《××市机动车交通事故现场记录书》（以下简称《记录书》），在 24 小时内持《记录书》共同前往道路交通事故保险理赔公司办理理赔手续。

车损均不超过交强险责任限额的，当事人也可持《记录书》及有关证件资料直接至保险公司办理理赔手续。

三、对主动撤离车损事故现场实行快速处理的当事人，公安机关交通管理部门对其交通违法行为依法予以从轻或免于处罚。

四、对符合撤离车损事故现场、实行快速处理条件的车损事故，当事人不主动将事故车辆撤离现场的，公安机关交通管理部门应当立即派交通警察赶赴现场，予以强制撤离事故现场，并可以依法扣留事故车辆；故意造成交通堵塞的依法予以从重处罚。

五、对协商不成或自行协商达成协议后又不履行的，当事人可向公安机关交通管理部门报案，由公安机关交通管理部门依法处理。

六、本通告的具体实施办法由市公安局制定。

七、本通告自××××年9月1日起实施。

××××年8月12日

任务四　学习应用文的表达与语言

✦ 任务导入

小李大学毕业后被报社聘为编辑，上班第一天，小李的领导交给他一份修改语病的资料（资料内容如下）。假如你是小李，你能修改吗？

1. 某市政府发布的《市区饲养家畜家禽管理规定》中有这样的内容："未经批准饲养的家畜家禽，限于××××年×月×日前全部自行宰杀。违者由所在地街道办事处和乡、镇人民政府组织力量强行捕杀，并向禽畜主收取捕杀费用。"

2. 某县政府的《关于撤销××等五个单位的文明单位称号的决定》中说："这五个单位的领导居功自傲，不思进取，放松对干部职工的教育管理，忽视了单位的社会主义精神文明建设，在社会上危害极大。"

3. 某公司向主管局写一份请示，其结尾用语是："以上请示当否，请批准。"

4. 某报报道北京一次人才交流会时说："在新一轮人才大比拼中，记者发现了一个有趣的现象，只重人才不问户口的单位占到八成，明确要求'北京户口'的单位已成凤毛麟角。"

5. 某地一个食品分公司向总公司写一份《关于建造蛋品冷库的请示》，开头写道："根据有关人员反映，由于农村进一步实行改革开放政策，农民办起了很多养鸡场，鲜蛋大量增加。"

6. 有两个企业签订一份《供货合同》，其中一个条款是这样写的："甲方收到乙方货物后，应通过银行一次性向乙方付清全部货款。"

7. 某市一个机关下发一份《关于加强廉政建设的通知》，其中一条中有这样两句："不该收的礼坚决不收，不该吃的饭坚决不吃。"

8. 某学校给上级汇报学生参加社会实践活动的报告中，有这样几句话："组织学生参加社会实践活动，对于学生学习风气的加强，自身能力的训练以及精神文明的开展，都有十分重要的意义。"

9. 某学校的一次毕业典礼上，一个学生代表毕业生讲话，开头几句是这样讲的："今天在这里隆重召开毕业典礼，我光荣地代表学校全体毕业生发言。回顾三年的学习生涯，使我们感慨万千。"

10. 某市一家外贸公司向上级外贸局写一份《关于建造大型外贸仓库的请示》，其中的请示事项部分是这样写的："基于上述情况，我公司想建造一座 5 000 平方米的大型外贸仓库，同时想购置现代化仓库设备，共需资金人民币 600 万元，需市局拨款。"

任务要求

1. 了解应用文的叙述、说明、议论等表达方式。
2. 掌握应用文的语言特点。
3. 能在应用文中正确使用语言和各种表达方式。

任务准备

一、应用文的表达方式

文章的表达方式通常有五种，即叙述、说明、议论、描写、抒情。应用文的主要表达方式是叙述、说明和议论。写作应用文应根据文章主旨的需要和文体的特点而采用不同的表达方式。

1. 叙述

所谓叙述，是有次序地叙说、介绍人物的经历、言行或事物发展变化过程的表达方式。完整的叙述包括时间、地点、人物、事件、原因、结果六要素。

应用文写作离不开叙述，通过叙述介绍情况、反映动态，为制定政策或作出决策提供依据。

应用文叙述的特征是以顺叙为主，讲求平铺直叙，注重叙述事件的过程。应用文一般采用概括叙述，只叙述与表达主旨、说明问题有直接关联的部分，或者只是综合地、概括地叙述若干人或事的共同点。

应用文叙述的要求是概括准确，只注重对事件的整体勾画，不要求细节的具体、内容的详尽。叙述常与其他表达方式结合运用，如夹叙夹议、叙事论理、叙述说明等。

2. 说明

说明就是用简明扼要的文字把事物的形态、性质、特征、功能及成因等解说清楚的表达方式。应用文常常使用说明的表达方式，主要用于表明目的或依据、总结成绩和不足、归纳经验和教训、介绍有关情况等。

3. 议论

议论就是议事论理，通过概念、判断、推理等逻辑思维方式，对事实、事理进行分析、议论，以明辨是非、阐发道理，从而表明作者的态度和观点。

应用文的议论侧重实际问题的解决，要求以确凿的事实为基础，以政策、法规为依据，论证要简明，议论要抓住要点，不能一味地发表长篇大论。

二、应用文的表达特点

1. 直接性

应用文以实用为目的，运用表达方式时要使读者一目了然。如叙述，要求朴素、准确，不要求情节的曲折、生动、离奇和引人入胜；说明，只求平实、简洁、恰当；议论，要求体现简明性，其笔调往往是论断式、评论式和总结式。

2. 概括性

应用文写作的表达，讲究高度的概括性。具体地说，在应用文中，不要求详细陈述事物的发展过程，而是抓住事物的特征对其进行叙述；不需要面面俱到地解说事物和事理，只用简约的文字说明应该怎样做、不应该怎样做；不需要作反复的推理和多次证明，应当一针见血地进行评析，直截了当地提出观点。

三、应用文的语言

1. 应用文的语言特点

（1）通用性的书面语体。

应用文以书面语为主，使用得到全社会认同的通用语体；不采用个性化语言、方言俚语以及超常规的句式和生僻字词；一般不用口头语，慎用外来语汇。为了表达的庄重、简洁，应用文中尚保留使用相当数量的文言词汇，如"兹""悉""承蒙"等所指明确的文言词语。这些文言词语的使用，使应用文语言更具书面语特征。

（2）沿用模式化词语和句式（见表1-1）。

表1-1 应用文常用的模式化词语和句式

用语名称	用途	常用的模式化词语和句式
领起语	用于文章开端或段落起首部位，表缘由、发语	"由于""鉴于""为了""根据""依据""遵照""按照""兹有""欣悉（闻）""惊悉（闻）"
引据用语	用于复文作为依据的用语	"悉""收悉"

续表

用语名称	用途	常用的模式化词语和句式
承启衔接语	段落层次之间承上启下的过渡语	"为此""有鉴于此""特……如下""现就……如下""现将……如下""综上所述""总之"
结尾用语	用于应用文结尾，收束	上行："当否，请批示""可否，请指示" 平行："特此函达，望函复""专此函复" 下行："特此通知""请贯彻执行"
称谓用语	第一、第二、第三人称称谓	第一人称："本""我""我们" 第二人称："你""贵""你们" 第三人称："该""他""他们"
表态用语	表明态度	"原则同意""同意""暂缓试行"

（3）合理运用书面辅助语言。

由于应用文写作具有实用性、行业性等特点，因此在其语言体系中，经常使用书面辅助语言，以替代、补充文字语言，从而使应用文的表述更为直观、简明。图形、表格、符号、公式等是应用文中最常见的书面辅助语言。

2. 应用文语言运用的基本要求

应用文是解决实际问题、处理具体事务的工具，其语言运用应遵循准确、简洁、朴实、得体的基本要求。

（1）准确。

这是对应用文语言的最基本也是最高的要求，有人称之为应用文语言的"第一要求"。

要实现这一要求，一方面应做到概念准确、把握分寸，要认真辨析词义，精选中心词，用准限定修饰语；另一方面，句子要合乎语法、逻辑，数据、图示要准确无误，人名、地名、引文要准确。

（2）简洁。

应用文语言要求文字简短，表述直截了当，言简意赅，力避烦琐累赘。适当运用专用词语、惯用语和尚具活力的文言词语，是求得语言简洁的可行途径。

（3）朴实。

应用文用语应平实质朴，通俗易懂，不大肆渲染，不堆砌辞藻，忌华丽雕琢。

（4）得体。

应用文都有特定的功用和特定的读者对象，因此，写作时应根据行文目的、接受对象选择相应的语体、语气。只有语言得体，才能达到预期表达效果。

任务实施

根据"任务导入"完成下列任务。

1. 填写应用文的相关要素

名称	内容
应用文的主要表达方式	
应用文的语言特点	
应用文语言运用的基本要求	

2. 请你完成"任务导入"中的语言修改

3. 分析、修改经过你修改的句子

任务拓展

改一改

下面是有语病或用语不妥的句子，请修改。

1. 某学校的《进出校门制度》中有一条是这样写的："学生在上课期间和晚上熄灯以后禁止出校门。"

2. 某医疗机械厂向上级公司报一份《关于扩建装配车间的请示》，其中有这样一段话："经研究，我厂决定扩建装配车间。我厂将责成一名副厂长分管此项工作，并请市第三建筑工程公司负责施工。"

3. 某市化工公司对下属的一个化工厂要求拨款 200 万元开发新产品的请示进行批复，其中有这样的说法："因目前公司资金紧张，现拨款 100 万元，希予以谅解。"

4. 某单位的一个职工向有关领导写了一份要求调动的申请书，结尾是这样写的："万望视本人的实际困难予以批准。切切。"

5. 某学校举行毕业典礼，一个学生代表发言，其中有这样一句话："同学们，'天下没有不散的筵席'，让我们在各自的工作岗位上努力奋斗吧！"

6. 我们局的这项工作，得到你们公司的大力支持，在这里，我们特向你们表示深深的感谢！

7. 通过 8 月 8 日的来信，我们已经知道考察团将要到我们市访问的消息，你们要求的各项工作已经全部准备好了，殷切希望你们告诉我们考察团到达我们市的具体时间。

8. 刚才接到你公司发来的传真，要求我们工厂把本月生产的全部产品火速发运到广州。对于这个要求，我们厂有以下一些困难，实在难以按照你们的要求办理。

9. 我们以上报告的事情和处理意见，如果没有什么不妥当的地方，就请领导批示后，转发给各个市、县人民政府，各地区行政公署以及同这件事有关的各个部门，按照报告中所提出的处理意见执行。

写一写

根据材料撰写一段通报的主要事实部分。

2022 年 2 月 13 日下午 1 点多，××县民警张超正和儿子××在儿童公园游玩，忽然从不远处的明月湖传来救命声，张超飞奔到明月湖畔，原来有一男孩不慎落水，张超来不及多想，脱掉大衣，跃入水中。二月的东北，水凉得刺骨，但他没有想到个人安危，他心中只有一个念头：救孩子。张超一次、两次、三次潜入水中，终于把落水儿童救到岸上，孩子得救了，而张超昏迷了三天三夜。目前，经过抢救，张超已经脱离了生命危险。

✦ 项目概述

事务文书是机关、团体、企事业单位在处理日常事务时用来沟通信息、安排工作、总结得失、研究问题的实用文体。

通过本项目的学习，学生应了解申请书、启事、计划、总结的相关知识，能正确地拟写申请书、启事、计划、总结。

✦ 学习目标

能力目标

1. 能形成事务文书的写作思路。
2. 能独立完成申请书、启事、计划、总结的写作。

知识目标

1. 了解申请书、启事、计划、总结的相关知识。
2. 掌握申请书、启事、计划、总结的结构与写法。

素养目标

1. 培养积极向上的人生观和实事求是的学习工作态度。
2. 逐步提高团队协作意识，培养精益求精的工匠精神。
3. 逐步形成严谨、细致的职业素养和良好的信息素养。

任务一　申请书

任务导入

　　××市职业技术学校汽修专业学生郑垚 2023 年职高毕业，2024 年想自主创业，开办一家个体汽车快修店，承接汽车修理、保养、美容等业务。请你以郑垚的名义向××市市场监督管理局递交一份申请书。

任务要求

　　1. 了解申请书的含义、种类和特点。
　　2. 掌握申请书的结构与写法。
　　3. 能根据相关要求独立撰写申请书。

任务准备

一、申请书的含义

　　申请书是个人或集体向组织、机关、企事业单位或社会团体表达愿望、提出请求时使用的一种文书。

二、申请书的种类

　　（1）按申请者分：有个人申请和集体申请。
　　（2）按形式分：有文章式申请和表格式申请。
　　（3）按内容分：有要求参加某种组织的申请书，如入党申请书；有要求解决问题的申请书，如工作调动申请；有要求某种权利的申请书，如入学申请书。

三、申请书的特点

1. 请求性

申请书的目的是表达自身愿望和要求，语言应质朴、诚恳。

2. 单一性

申请书内容明确单一，一份申请书只表达一个愿望或提出一个请求。

四、申请书的结构与写法

申请书通常由标题、称谓、正文、结语和落款五部分组成。

1. 标题

申请书的标题有两种构成方式：一是由文种名称构成，如"申请书"；二是由申请内容和文种两部分构成，如"入党申请书"。标题在第一行居中书写。

2. 称谓

第二行顶格书写，写接受申请书的单位名称或领导职务，后加冒号。

3. 正文

申请书的正文一般要写清楚申请的事项、申请的理由和申请人的决心和态度。

4. 结语

使用惯用语"特此申请，请批准""恳请领导帮助解决""希望领导研究批准"等，也可用"此致""敬礼"礼貌用语。

5. 落款

在正文的右下方署上申请人姓名，并在下面注明申请日期。单位申请写明单位名称、申请日期并加盖公章。

五、申请书写作注意事项

（1）事项要单一。申请书的事项一般是一事一书。

（2）态度要诚恳。申请书要表达自己的真实情感，使对方看后产生亲切感。

（3）语言要得体。行文语言要简明、连贯，符合语境。

六、范文欣赏

 例一

入团申请书

敬爱的团支部：

我志愿申请加入中国共产主义青年团。

中国共产主义青年团（以下简称共青团或团组织）是中国青年的先进组织，是中国共产党的有力助手和后备军，是中国青年学习马克思列宁主义、毛泽东思想、邓小平理论、"三个代表"重要思想、科学发展观、习近平新时代中国特色社会主义思想的大学校，是培养和造就"四有"青年的革命熔炉，是建设民主、文明、富强的社会主义祖国的生力军。她的最终目的，是在中国共产党的领导下，实现共产主义的社会制度。

1919年五四运动以来，中国青年为争取民主自由，向压在中国人民头上的"三座大山"进行了长期艰苦卓绝的斗争，但都失败了。1921年后，在中国共产党的领导下，中国人民找到了马克思主义的真理，并将之与中国革命的具体实践相结合，坚持武装斗争，走以农村包围城市，最后夺取全国政权的革命道路。共青团坚决响应党的号召，积极组织和发动中国青年，沿着党指引的方向，同反动派进行了不屈不挠的英勇战斗，无数革命青年用自己的鲜血和卓著的功勋，为共青团的历史谱写了不朽的篇章。在社会主义革命和建设道路上，同样留下了共青团员和中国青年无私奉献的足迹，留下了可以告慰先人和彪炳千秋的伟业。我为我们的共青团感到自豪和骄傲！

纵观历史，注目今朝，我们的共青团无愧于中国青年先进组织的光荣称号，无愧于抛头颅洒热血的革命先烈，无愧于我们的祖国，无愧于我们的人民，乃是忠于党、忠于人民，为我国青年所拥护和爱戴的革命组织，是高举中国特色社会主义伟大旗帜，把我国社会主义现代化事业全面推向21世纪的生力军。鉴于此，我对团组织充满崇敬和向往，渴望着能够早日入团。我要求加入团组织，是为了能更直接地接受团组织的培养教育，以团员的标准，严格要求自己，更好地为建设我们伟大的社会主义祖国贡献自己的力量。

如果团组织批准我的入团申请，使我成为一名光荣的共青团员，我将按照团的章程，认真履行团员义务，按时交纳团费，坚决执行团组织的决议，充分发挥共青团员的先锋模范作用，做品学兼优的好学生。如果团组织暂时没有批准我的申请，我也不灰心丧气，将继续努力，积极向团组织靠拢，向好的同学看齐，努力克服自己身上存在的不足，争取早日加入团组织。

此致

敬礼

申请人：×××

××××年×月×日

【赏析】本文申请书格式完整，正文第一段说明申请事项，第二段至第四段说明加入中国共产主义青年团的理由，最后一段表明自己的决心和态度。

 例二

<h2 align="center">转正申请书</h2>

尊敬的领导：

我于20××年××月××日进入公司。根据公司的需要，我先后在工程部、成本部、企业部和办公室四个部门学习工作了一段时间，到今天六个月试用期已满。根据公司的规章制度，现申请转为公司正式员工。

本人在试用期间，工作认真、细心，具有较强的责任心和进取心；性格开朗、热情，具有良好的沟通技巧和表达能力；与同事配合默契，及时完成领导布置的任务，有较强的集体观念和团结协作精神；积极学习新知识、新技能，注重自身发展和进步，提高自己的综合素质。

这是我的第一份工作，作为一名应届毕业生，我在公司宽松融洽的工作氛围、团结向上的企业文化中很快完成从学生到职员的转变。在此，我要特别感谢部门领导和同事对我的指导和帮助，感谢他们对我工作失误的提醒和指正。同时看到了公司的迅速发展，我深深地感到骄傲和自豪，也更加迫切地希望以一名正式员工的身份在这里工作，实现自己的奋斗目标，体现自己的人生价值，和公司一起成长，恳请领导给我继续锻炼、实现理想的机会。

转正之后，我会用谦虚的态度和饱满的热情做好我的本职工作，为公司创造价值，以实际的工作成绩来报答公司，同公司一起展望美好的未来。

此致

敬礼

申请人：×××

202×年××月××日

【赏析】这是一份转为正式员工的申请书。文章符合申请书的写作思路，首先提出了请求即"申请转为公司正式员工"；接着写了申请的原因，一是申请人试用期间的良好表现，二是谈了工作感受，表达了对公司的向往之情；最后申请人向领导表明了态度，进一步表明了自己转正的愿望、决心和请求。

例三

助学贷款申请书

中国××银行××市分行：

我是周××，男，是××职业技术学院工商管理学院2020级电子商务专业的学生。我来自山区，家里有6口人，父母务农，没有文化，弟弟上初中，还有年迈的爷爷奶奶，家里仅靠几亩薄地的收入来维持生活。我进入大学后，每学年学费6 000元，父母难以支付我在校期间的学费。在校期间虽然我勤工俭学，节假日外出打工，但这些收入与我每学年的学费和生活费相比仍有差距。为了继续就学，顺利完成学业，特向贵行申请助学贷款，每学年贷款6 000元，3学年共18 000元。

在获得贵行助学贷款后，我将更加努力学习，积极上进，争取以优异的成绩完成自己的学业。同时，我郑重承诺将在约定的时间内还清贷款；毕业后及时将工作单位或详细的联系方式告知贵行，做一名守信用的当代大学生。

恳请贵行批准我的申请，不胜感激！

申请人：周××

2021年8月10日

【赏析】这则申请书申请目的明确，申请贷款数额具体，态度诚恳。首先简单介绍自己，而后如实地陈述了家庭负担，申请贷款的理由充分，同时字里行间体现出申请人的自强不息、诚实守信的品质，表达了其希望获得银行助学贷款的心愿，这样容易得到银行方面的理解和批准。

七、病文诊断

关于请求复学的申请报告

敬爱的××市职业技术学校：

我是周伟。我在去年的一次体育课上，由于不慎摔了一跤，造成左腿骨折。经过一年的治疗和调养，现已痊愈，为了不耽误下学期的课程学习，决定复学。

去年住院以后，由于不能上课，就向学校提出了休学申请。在家休养这一年中，我虽然没有停止学习，但还是有许多课程落下了，学校速安排老师对我进行辅导，否则我学业跟不上学校要承担责任。请酌情批示为荷。切切！

此致

敬礼

2024年5月15日

学生：周伟

【诊断】本份申请书存在以下问题:

(1) 标题:"关于请求复学的申请报告"不妥,可以写"复学申请书"。

(2) 称谓:称谓中的"敬爱的"不妥,删除;或者称呼写"尊敬的校领导"。

(3) 正文:

①申请开头"我是周伟",最好在姓名前写上班级名称。

②申请一般一事一书,而该文申请了两件事,在申请复学的同时又申请学校安排老师对他进行辅导,不符合申请书的要求。

③申请的态度要诚恳,用表示祈请的用语,不能用命令和威胁的口吻来申请。如"学校速安排老师对我进行辅导,否则我学业跟不上学校要承担责任",这种语气不诚恳。

④缺少进一步表明自己的愿望与决心等。如"希望领导考虑让我重新跟原班学习,……复学后,我一定加倍努力学习"。

⑤语言表达不得体。"请酌情批示为荷。切切!","切切"是上级对下级或长辈对晚辈的用词,学生不可以对学校用"切切"一词,可改为"恳请学校批准"等。

(4) 落款:申请人和申请日期位置颠倒。

【修改参考文稿】

复学申请书

尊敬的校领导:

　　我是本校汽修专业2022级的学生周伟。在去年的一次体育课上,我不慎摔了一跤,造成左腿骨折,休学一年。经过一年的治疗和调养,现已痊愈,为了不耽误下学期的课程学习,特提出申请,请求复学。

　　在家休养这一年中,我从未放弃过自己的学习。出院不久,我就给自己制订了学习计划。我让家人把我所有的书籍从学校带回家,每天认真学习,还读了不少提高个人修养的书。因此这一年来,我虽未在校,但并未停止学习。我希望领导考虑让我重新跟班学习,希望学校对我进行考核后再做决定。复学后,我一定加倍努力学习,回报领导和老师对我的关爱。

　　此致

敬礼

学生:周伟

2024 年 5 月 15 日

八、参考模板

结构模板	文字模板
标题 称谓 正文 　申请事项 　申请理由 　申请的决心 结语 落款	××申请书 ×××××××： 　　×××××××××××××××××××（提出申请事项）。 　　×××××××××××××××××，×××××××××× ××××××××（申请的理由）。 　　×××××××××××××××××，×××××××××× ×××××××，×××××××××××××××××××（申请的决 心）。 　　此致 敬礼 　　　　　　　　　　　　　　　　　　　　　申请人：××× 　　　　　　　　　　　　　　　　　　　××××年××月××日

✦ 任务实施

根据"任务导入"完成下列任务。

1. 填写和撰写申请书的相关要素

名称	内容要素	拟写"任务导入"中各要素内容	位置
标题			
称谓			
正文			
结语			
落款			

2. 独立完成"任务导入"中的申请书写作

3. 分析、修改撰写的申请书

✦ 任务拓展

✦ 改一改

下面是一份按书信格式写的申请书，其中格式有三处错误，文字表达有四处毛病，请指出或改正。

申请书

敬爱的学校团委：

我通过团章的学习，团组织和团员同学的教育和帮助，认识到作为 21 世纪的青年，①必须争取积极加入到青年人自己的组织——中国共产主义青年团。

共青团是党领导下的先进青年的群众性组织，是党的可靠助手和后备军，②是培养青年学习共产主义理论，具有优秀分子品质。正是如此，我应该争取加入共青团。

我向你们申请，我要用实际行动争取及早加入共青团，③请一定批准。如果我被批准了，我决心遵守团章，④执行团员义务，参加团的工作，做名副其实的共青团员，处处起模范作用，为中华复兴贡献力量；如果我一时未被批准，决不灰心，要接受考验，继续创造条件努力争取。

我写了一份自传，包括我的家庭成员情况，请审查。

　　此致

敬礼

××中学初三（2）班　杨澜

✦ 写一写

请根据下面材料，按照申请书的格式，代李芳芳拟写这封申请书。

2019 年 10 月，李芳芳调入信息中心通讯部，任话务员。在 5 年时间里，她学到了很多知识和本领，和大家相处得非常愉快。2024 年 10 月，由于父母希望她回老家工作，以便生活上互相关照，她给单位领导写了封离职申请书。在申请书中，她首先进行了自我介绍，并感谢各位领导对她的信任和栽培，感谢各位同事给予的帮助和关心。接着陈述自己离职的理由，希望能在 2024 年 12 月 31 日正式离职，并保证积极配合做好交接工作。最后希望领导对她的申请予以考虑并批准。

任务二 启 事

任务导入

张华是××市职业技术学校汽修专业 2023 级学生。今天中午，他在学校的篮球场打球时，不小心弄丢了自己的外套和钥匙。张华在校园公告板上张贴了一张寻物启事。如果你是张华，你将怎样拟写这则寻物启事?

任务要求

1. 了解启事的含义、种类和特点。
2. 掌握启事的结构与写法。
3. 能根据相关要求独立撰写启事。

任务准备

一、启事的含义

启事是机关、企事业单位、社会团体或个人公开申明某件事情，希望有关人员参加协助办理而使用的告知性应用文。

二、启事的种类

(1) 寻找类启事：寻人、寻物等。这类启事主要用于寻找失物或失踪人员。

(2) 征招类启事：招生、招聘、招领、征文、征婚、征友等。这类启事主要用于发布招募信息。

(3) 声明类启事：更正、遗失等。这类启事主要用于公开声明某些事实或更正错误信息。

（4）开业、停业、迁址、喜庆、更名等。这类启事告知公众某些变化或活动信息。

三、启事的特点

1. 内容的广泛性

可以用于寻物、寻人、招聘、招生、征文、开业、迁址等多种事宜。

2. 告知的回应性

启事不同于只向社会"告知"的声明，它要求通过告知得到社会上广泛的回应，以解决自己需要办理的事宜。

3. 参与的自主性

启事不具有强制性和约束力。启事的对象有参与的自主性，可以选择参与或不参与。

4. 传播的新闻性

启事通过张贴、登报、广播、电视、网络等各种新闻媒体公开传播消息，对社会公众来说，是广告性消息，具有新闻性质。

四、启事的结构与写法

启事一般由标题、正文、落款三部分组成。

1. 标题

启事的标题通常有三种写法，分别是"事由""事由＋文种""发文单位＋事由＋文种"，如"招聘""招聘启事""××公司招聘启事"等。

2. 正文

正文的内容一般要求写清楚启事的具体事项，具体包括发出启事的目的、意义，办理启事事项的方式、方法、要求等内容。

不同的启事着重写的内容不同。如寻物启事，要简明、准确地介绍丢失物品的时间、地点、名称、数量、特征等内容；失物的特征要写得详细、具体，其中包括物品的形状、质地、色彩、记号等。寻人启事，要交代走失的原因、时间、地点及体貌特征、服饰特点等。招聘启事正文应介绍招聘单位的性质、所在城市、地理位置及企业的基本经营状况，招聘的岗位，应聘者的条件（性别、年龄、学历、专业、工作经历等），应聘者的报名办法、需要准备的个人资料，招聘单位名称、地址、电话、联系人、网址，等等。

正文部分的写法比较灵活，可以分段说明，也可以不分段说明；可以标序列述，也可以分层次列小标题分述。

3. 落款

写明启事单位名称或个人姓名和启事日期。如果标题或正文中已写明单位名称，此处可以省略。有的启事还需要写明单位地址、电话、电子邮箱、联系人等。凡以团体、单位的名义张贴的启事，还应加盖公章。

五、启事写作注意事项

（1）标题简短、醒目。启事的标题要力求简短、醒目，高度概括，能够吸引公众的眼睛。

（2）内容单一。一事一启。

（3）措辞郑重严谨。启事陈述的都是郑重严肃的事情，所以启事的行文应该以平实严谨为宜，不能别出心裁、标新立异。

（4）注意运用礼貌语言。由于启事没有强制性和约束力，所以就要特别注意运用礼貌语言，以诚恳的态度打动公众，使公众产生信任感，达到预期效果。

六、范文欣赏

 例一

××市职业技术学校"甜心"面包店开业启事

本店是学生创业店，即日起开始营业。店址为××市职业技术学校校园创业一条街 1-103 室，每周一至周四营业时间为 12:00—13:00、16:30—18:00、20:30—21:20；周五营业时间为 12:00—13:00；周日营业时间为 16:30—18:00、20:30—21:20。本店向各位师生提供各种口味的自制面包，营养丰富，价廉物美。店内提供自制的鲜果饮品，并备有餐桌，集堂食、外卖、休闲为一体，店内物品便利、经济、实惠。开业第一周店内所有产品打八折，优惠时间为 2024 年 3 月 4 日—2024 年 3 月 10 日。欢迎各位师生光临本店。

××市职业技术学校"甜心"面包店

2024 年 3 月 4 日

【赏析】这份开业启事格式规范，内容完整。标题居中书写，由单位名称、事由和文种构成。正文简要介绍开业时间及每天营业时间、营业地点；介绍本店经营范围；指出了开业期间的优惠措施及表明各位师生光临的谦敬辞。落款写清楚了署名和日期。

例二

寻人启事

张小丽，女，18岁，身高1.6米，瓜子脸，肤白，大眼睛，身穿浅红色连衣裙，白色皮凉鞋。于3月17日离家（××区），至今未归。本人若见到此启事，请尽快与家人联系。有知其下落者，请与××市××大学××系吴家俊联系，联系电话：××××××××××，或请与××市××路派出所联系，联系人：赵小强，电话：××××××××。定重谢。

2024年×月×日

【赏析】寻人启事中清楚地交代了走失的时间、地点、联系方式、酬谢，写了走失者的体貌特征、服饰特点等。

 例三

招领启事

2023级汽修（2）班赵宇同学在学校运动场看台上捡到皮夹一只，内有人民币若干、其他物品数件，请遗失者到学校学生处领取。

××市职业技术学校学生处
2024年10月9日

【赏析】这份招领启事结构完整，为了防止冒领，正文在撰写过程中对捡到的失物只是概述，对具体失物的种种细节隐去，符合招领启事的要求。

例四

招聘启事

××社海外中心，系中国新闻社旗下对海外华文报纸提供新闻版面服务的专设机构，每日编辑传送对开30版，内容涵盖国际国内时事报道、焦点追踪、财经贸易、体育娱乐等，强调新闻冲击力和持续影响力，追求"时效第一、原创第一、读者第一"的目标。海外中心现因事业发展需要，进行新一轮招聘，希望业界青年才俊加盟。

一、新闻记者编辑（6名）

应聘条件：

1. 男女不限，户籍不限，年龄在30岁以下，条件优异者可适当放宽；

2. 需大学本科或以上学历，专业不限；

3. 有两年以上新闻从业经验，具有对外报道经验者优先；

4. 有较好的英语读写及编译能力；

5. 需熟练掌握基本电脑技能。

二、文学副刊编辑（1名）

应聘条件：

具有扎实的文字功底，具有文学作品鉴赏能力，在文学界有广泛人脉者优先。

三、行政财务助理（1名）

应聘条件：

年龄 30 岁以下，女性，大专以上相关专业学历，具有从业经验者优先。

凡符合上述条件之应聘者，请将详细简历、个人照片、求职文件投递至：100037，北京市西城区××街××号××社海外中心，封面请注明"应聘"。或将详细简历、个人照片、求职文件传送至：××××@××.com.cn

联系电话：××××××××

请务必注明有效联络方式，以便通知安排面试。

接受应聘资料时间截止到××××年××月××日。

××社海外中心
202×年××月××日

【赏析】本则启事层次分明，格式正确。首先介绍了招聘单位的性质及基本经营情况，紧接着写出了招聘的岗位、人数、对应聘者的要求（包括性别、年龄、学历、专业、工作经历等），最后写了需要准备的个人资料、报名办法，以及招聘单位地址、电话、电子邮箱。

七、病文诊断

征稿启事

我们学校有的同学语文学习不得法，成绩老提不高，大家很焦急，建议本刊出一期语文学习专刊。请语文学习好的同学介绍语文学习的经验体会，学习语文的好办法。我们采纳他们的意见，准备出一期语文学习专刊。内容宜具体，条理清晰，最好就某一点谈深刻些，使读者可仿效、可操作。字数不超过 1 000 字左右。欢迎同学们踊跃投稿。请将稿件在本月底前投在本刊投稿箱里或交给班级通讯员。

此致

敬礼

××职业中学《芳草地》编辑部

【诊断】这份征稿启事在格式和内容均有欠缺，分析如下：

（1）标题应居中书写，字体可稍大。

（2）正文中征稿的目的说得太啰唆。修改为："为推广语文尖子学习经验，帮助同学们掌握学法，应读者要求，我们准备出一期语文学习专刊。"

（3）正文中征稿要求可以采用条款式书写，使得文章条理清楚。条款可以写征文内容、体裁、字数、截稿时间等。

（4）用语不精。条款中字数不超过1 000字左右，可以去掉"左右"或"不超过"。

（5）正文中截稿时间可以更具体点，如投稿截止日期为：××××年××月××日。

（6）正文中投稿方式最好有电子稿投递的邮箱。

（7）可以写征文奖励办法，如优秀的文章优先刊登在《芳草地》语文学习专刊上。

（8）去掉祝颂语"此致、敬礼"，征稿启事不需要祝颂语。

（9）缺少落款中的征稿启事时间。

【修改参考文稿】

征稿启事

为推广语文尖子学习经验，帮助同学们掌握学法，应读者要求，我们准备出一期语文学习专刊。现面向全校师生征集稿件。

一、征文内容

以交流语文学习经验为主题，要求内容具体，条理清晰，最好就某一点经验谈深刻些，使读者可仿效、可操作。

二、征文要求

1. 题目自拟，体裁不限。

2. 字数不超过1 000字。

3. 必须原创，不得抄袭。

三、投稿方式

1. 投稿人把稿件投在本刊投稿箱里或交给班级通讯员或发送至：5492×××@qq. com。

2. 来稿请在末尾注明作者姓名、班级、联系方式。

3. 投稿截止日期为2024年10月25日。

四、评选办法

投稿作品经过初评、复评，选出一等奖3名、二等奖5名、三等奖10名，将其作品发表在学校《芳草地》语文学习专刊上，并向作者颁发奖状及奖金。

我们热切期待着师生们踊跃撰稿，积极应征！

××职业中学《芳草地》编辑部

2024年9月11日

八、参考模板

结构模板	文字模板
标题	××启事
正文 　启事的目的	为了××××××××××××××××××××，×××××××××××××××××××××，×××××××××××××××××××××（启事的目的）。
办理启事事项	×××××××××××××××××，××××××××××××××××××××××，×××××××××××××（方式、方法及要求）。
落款 　写明启事单位名 　称或个人姓名 　启事日期	××××××（企业名称或个人姓名） ××××年××月××日

任务实施

根据"任务导入"完成下列任务。

1. 填写和撰写启事的相关要素

名称	内容要素	拟写"任务导入"中各要素内容	位置
标题			
正文			
落款			

2. 独立完成"任务导入"中的启事写作

3. 分析、修改撰写的启事

任务拓展

改一改

（一）阅读下面文章，找出文章存在的问题并进行修改。

招领通知

各位同学们：

　　本人于12月6日下午放学后捡到红色皮夹一只，内有人民币伍拾元，请失主与高三电子班张宇同学联系，本人十分感谢！

高三电子班张宇

2024年12月6日

（二）下面一份招聘启事在格式、文字表达和语体等方面存在问题，请指出并改正。

招聘启示

　　为庆祝建校30周年，学校"梦笔生花"文学社决定扩版，需招聘文字编辑若干人。"梦笔生花"是我校的文学社团，曾荣获市"十佳文学社团"称号，出于文学社社刊《梦笔生花》扩版的需要，现从全校同学中诚聘5名文字编辑。要求具备较扎实的文字功底，具有文稿评价和雅正的能力。有意者请到文学社活动室报名，报名截止时间为6月11日下午5时，过了期限不再接受报名。录取结果将在3月初宣布。

2024年5月2日

××职业学校"梦笔生花"文学社

写一写

　　（一）根据下面提供的材料，请以张晓的名义写一份招领启事。要求符合文体、表述简明、措辞得当。

　　2024年9月15日，王亮在返校途中不慎将一黑色旅行包遗失。内有人民币1 500元，当日宁波至上海的高铁票一张，专业书籍5本，充电宝1个。王亮的黑色旅行包于当日被人拾到，并交给车站派出所的张晓，车站派出所的电话为6569865。

　　（二）根据以下材料，写一则开业启事。

　　××网络有限公司将于202×年7月1日开业。这是一家提供汉语言知识教育教学的专业知识型网络公司。7月1日至28日，对新会员赠送免费大礼包，对老会员赠送180日免费使用权。公司地址：××市解放路49号，电话：87654321。

任务三　计　划

任务导入

小张热爱旅行，也很热爱阅读。他最想去的地方是西昌，想去参观卫星发射基地，了解中国的航天事业；想了解当地的风俗民情，领略自然风光。于是他计划利用暑假去西昌做一次为期15天的旅行。小张的出发地是宁波，他准备7月5日乘动车出发前往。假如你是小张，请你做一个旅行计划。

任务要求

1. 了解计划的含义、种类和特点。
2. 掌握计划的结构与写法。
3. 能根据相关要求独立撰写计划。

任务准备

一、计划的含义

计划是机关、单位或个人对将要进行的工作、生产与学习提出预想的目标，并制定出实现这个目标的具体步骤、方法和措施时所使用的应用文。

计划不是单一的文种，是计划类文书的总称，主要包括以下几种：

（1）规划，指时间较长、范围较广、内容比较概括的计划，如《××城市建设长远规划》《××省发展国民经济的"十四五"规划》等。

（2）方案、意见，指目标明确、任务要求和措施办法具体的计划，如《关于深入进行供销社体制改革的试点方案》《关于××省计算机推广应用工作的若干意见》。

（3）工作要点，指在一个时期内工作的指导原则和总的要求，主要的工作任务及应把握的重点，如《××省20××年个体私营经济管理工作要点》。

（4）安排、打算，指时间较短、内容比较具体的计划，如《关于今年第一季度几项主要工作的安排》《今冬明春开展文体活动的打算》。

（5）设想、初步设想，指初步的，还未成熟的或比较粗略的计划，如《改造低产田、提高单位粮食产量的设想》等。

二、计划的种类

计划的种类很多，从不同角度可以对其进行不同的分类。

（1）按时间分，有长远计划、年度计划、季度计划、月计划等。

（2）按范围分，有国家计划、部门计划、单位计划、班组计划、个人计划等。

（3）按内容分，有生产计划、工作计划、学习计划、实习计划等。

（4）按性质分，有综合计划、专题计划等。

（5）按表达方式分，有文字计划、图表计划等。

（6）按作用分，有指令性计划、指导性计划等。

三、计划的特点

1. 预见性

计划不是对已经形成的事实和状况的描述，而是在行动之前对行动的目标、任务、方法、措施所做出的预见性确认。但这种预想不是盲目的、空想的，而是以方针政策和科学理论为指导，以上级部门的规定和指示为依据，以本单位的实际条件为基础，以过去的成绩和问题为参照，对今后的发展趋势做出科学预测之后做出的。

2. 针对性

一是根据党和国家的方针政策、上级部门的工作安排和指示精神而定；二是针对本单位（部门或个人）的工作任务、主客观条件和相应能力而定。

3. 可行性

可行性是和预见性、针对性紧密联系在一起的，预见准确、针对性强的计划，在现实中才真正可行。如果目标定得过高，无法实现，这个计划就是空中楼阁；反过来说，目标定得过低，措施方法都没有创新，实现虽然很容易，但不能取得有价值的成就，那也算不上有可行性。

4. 指导性

计划一经通过、批准或认定，在其所指向的范围内就具有了指导和约束作用，在这一范围内，无论是集体还是个人，都必须在计划的指导和约束下开展工作和活动，不得违背和拖延。

四、计划的结构与写法

计划一般有三种形式：条文式，图表式，图表加条文式。无论哪种形式，都由标题、正文、落款三部分组成。

1. 标题

计划的标题由单位名称、计划时限、计划内容和计划种类名称组成，如"××市××学校 2025 年工作计划"。如果未正式通过或未经上级批准，可在标题下一行加注"草案""初稿""供讨论用"等。

2. 正文

正文一般包含三方面内容：一是情况分析（制订计划的根据），要对现状做出分析，写明本计划是在什么基础上制订的；二是做什么和达到什么目的（任务和目标），制订计划要明确做什么，也就是说，根据需要和可行性，提出本计划在期限内应完成的任务和达到的目标；三是怎样做（要求、方法、步骤），在提出任务和目标后，要明确需要做哪些工作，这些工作怎么做，分哪几个步骤完成，还要一一写明完成的期限和人员分工，以及确保实施的措施等内容。为了条理清楚，可以分条列项写。

3. 落款

包括署名和日期。

如在标题中已写出制订计划的单位名称，可不用署名；如是个人计划应先写单位名称再写姓名。日期写在署名的下一行。

五、计划写作注意事项

（1）制订计划要注重可行性，从实际出发，量力而行。计划中所定的指标、所提的措施，要切实可行，经过努力可以达到。

（2）制订计划要有预见性，要对一切有利条件和不利条件进行充分的分析和估计，提出相应措施，这样遇到情况变化也能从容处之。

（3）语言表达以说明为主，叙述、议论要少，不使用抒情的语句。

（4）数字使用要准确无误。

六、范文欣赏

 例一

××学校团委
2025 年爱国主义教育读书活动计划

根据××教文体〔2025〕3 号文件精神，我校本学年将开展爱国主义教育读书活动，在全校广大师生中营造浓厚的学习氛围，养成多读书、读好书、好读书的良好习惯，推动学校文化建设，弘扬爱国主义精神。

一、活动的目的

通过爱国主义教育读书活动，引导青少年学生了解共和国的创业史，认识改革开放的巨大成果，激发青少年的自豪感和责任感，为将来更好地为社会服务、为国家效力而努力学习科学文化知识。

二、具体措施

以爱国主义教育为目标，主要是采取个人学习、集中学习、座谈讨论、征文演讲等学习形式，在全校范围内搭建读书交流平台，充分运用网站、简报、座谈、写学习心得等方式，定期开展读书交流活动，推动学习读书活动的深入、长久的开展。

1. 读十本书：《可爱的中国》《红岩》《烈火金钢》《林海雪原》《平原枪声》等。

2. 举办三次活动：读书心得交流会，歌唱祖国征文活动，"祖国明天更美好"演讲比赛。

3. 评比先进，树立典型，带动全体。

三、时间安排

1. 发动阶段：第二周到第五周。召开动员会，成立读书会，建立读书角。

2. 实施阶段：第六周到第十五周。第九周举行读书心得交流会，第十二周举行歌唱祖国征文活动，第十五周举行"祖国明天更美好"演讲比赛。

3. 总结阶段：第十六周、第十七周。评比先进集体和个人，第十七周召开表彰大会。

××学校团委

2025 年 1 月 5 日

【赏析】本文是一篇专题活动计划，结构完整，条理清楚。正文采用条款式，层次清晰，文字简洁。

 例二

2024 学年第一学期"财经应用文写作"学习计划

本学期我们开设了"财经应用文写作"课程，学好这门课对我们今后的工作、生活意义十分重大。为学好这门课程，并争取考试成绩达到 80 分以上，特制订计划如下：

一、根据本课程安排，我们将在本学期学完《财经应用文》这本教材的大部分内容，包括计划、总结、求职信、演讲稿等文书的写作。我的语文基础较好，因此我有信心学好这门课程，牢固掌握各文体的概念、特点和写作格式，争取熟练地写出格式规范、表达准确的应用文，力争取得 80 分以上的优良成绩。

二、由于本课程内容多、任务重、课时少，我在学习中将采取以下措施：

（一）课前预习，了解将要学习的内容，对重点和难点以及不懂的问题做好记录，以便在课堂上重点听讲并解决。

（二）上课认真听讲，做好笔记，积极思考，踊跃发言，遇到不懂的问题及时向老师请教。

（三）课后复习巩固，独立完成作业，对作业中出现的问题及时纠正。

（四）课余时间多读书看报，储备各种知识，尤其要多读实用性文章，提高应用文阅读能力，为应用文写作打好基础。

2024 级电商 1 班　李××
2024 年 9 月 × 日

【赏析】本文计划结构完整，条理清晰。标题居中书写，标题由时限、内容和文种组成。正文采用条款式，层次清楚，文字简洁。首先写明学习计划提出的背景和目标，主体部分分点列项具体表述，详尽、清晰，落款写清楚计划制订者和时间。

七、病文诊断

销售员 24 年个人工作计划

×××：

在 2023 年刚接触这个行业时，在选择客户的问题上我走过不少弯路，那是因为对这个行业还不太熟悉，总是选择一些食品行业，但这些企业往往对标签的价格是非常注重的。所以今年不要再选一些只看价格、对质量没要求的客户，没有要求的客户不是好客户。

2024 年的计划如下：

一：对于老客户，和固定客户，要经常保持联系，在有时间有条件的情况下，送一些小礼物或宴请客户，好稳定与客户关系。

二：在拥有老客户的同时还要不断从各种媒体获得更多客户信息。

三：要有好业绩就得加强业务学习，开阔视野，丰富知识，采取多样化形式，把学习业务与交流技能相结合。

四：今年对自己有以下要求

1：每周要增加 × 个以上的新客户，还要有 × 到 × 个潜在客户。

2：一周一小结，每月一大结，看看有哪些工作上的失误，及时改正下次不要再犯。

3：见客户之前要多了解客户的状态和需求，做好准备工作才有可能不丢失这个客户。

4：对客户不能有隐瞒和欺骗，这样不会有忠诚的客户。在有些问题上你和客户是一致的。

5：要不断加强业务方面的学习，多看书，上网查阅相关资料，与同行们交流，向他们学习更好的方式方法。

6：对所有客户的工作态度都要一样，但不能太低声下气。给客户一个好印象，为公司树立更好的形象。

7：客户遇到问题，不能置之不理，一定要尽全力帮助他们解决。要先做人再做生意，让客户相信我们的工作实力，才能更好地完成任务。

8：自信是非常重要的。要经常对自己说你是最好的，你是独一无二的。拥有健康乐观积极向上的工作态度才能更好地完成任务。

9：和公司其他员工要有良好的沟通，有团队意识，多交流，多探讨，才能不断增长业务技能。

10：为了完成销售任务每月我要努力完成 30 到 50 万元的任务额，为公司创造更多利润。

以上就是我这一年的工作计划，工作中总会有各种各样的困难，我会向领导请示，与同事探讨，共同努力克服，为公司做出自己最大的贡献。

【诊断】 本文计划从形式到内容等方面存在问题，现分析如下：

（1）标题年份要写完整，应写"2024"。

（2）缺少制订计划的目的和依据。

（3）缺少过渡句引起下文。

（4）文章层次不清，内容重复。本计划一共写了四大条，前三条都是提要求，第四条却说"今年对自己有以下要求"，其实前面三条也是对自己提要求。第四条的每一小条，都可以单独列出来，与前三条并列。正文中内容前后重复。文中第三条和第四条中的第5、9两条，意思是完全重复或部分重复的，可以将它们合并在一起，写成一条。第四条中的第3、4条都是讲对客户的态度，可以合并为一条。第二条与第四条中的第1条可以合并。

（5）标点符号使用错误。在表示层次的序号后面，不能用冒号，一般习惯用法是："第一、第二、第三"后面用"，"；"一、二、三"后面用"、"；"1、2、3"后面用"．"。此外，第一条"对于老客户，和固定客户"中，逗号是多余的，应该去掉。第四条第8条中："你是最好的，你是独一无二的"，应该加上引号，表示强调。

（6）用词不当，语言表达不准确。原文第四条中第4条"对客户不能有隐瞒和欺骗，这样不会有忠诚的客户"，"这样"指什么不明，应改用"否则"，意思就非常明确了。又如第 6 条"对所有客户的工作态度都要一样，但不能太低声下气"，"但"字用得不好，因为这里没有转折关系，不必用"但"。不如改为"对所有客户的工作态度都要一样，热情而又不卑不亢"，意思明确而具体。第 8 条中"拥有健康乐观积极向上的工作态度才能更好地完成任务"，工作态度用"乐观""积极向上"来修饰都可以，但不能用"健康"来修饰。可以把"健康"改为"自信"，并与"乐观"颠倒顺序，全句改为"拥有乐观自信、积极向上的工作态度才能更好地完成任务"就非常通顺而且准确了。第一条中"好稳定与客户关系"读起来很别扭，改为"维护好与老客户的关系"，这样更通俗易懂，意思明确。

【修改参考文稿】

××公司销售员××2024 年个人工作计划

2023 年刚接触销售这个行业时，在选择客户的问题上，我走过不少弯路，因为我对这个行业还不太熟悉，总是选择一些食品行业，导致业绩不佳。为了今后少走弯路，提高工作效率，我决心吸取经验教训，特制订 2024 年的个人工作计划如下：

一、每月我要努力完成 30 万到 50 万元的销售任务额，为公司创造更多利润。

二、对于老客户和固定客户，要经常保持联系，在有时间有条件的情况下，送一些小礼物或宴请客户，维护好与老客户的关系。

三、见客户之前要多了解客户的状态和需求，做好准备工作才有可能不丢失这个客户。对客户不能有隐瞒和欺骗，否则不会有忠诚的客户。真诚相待，以心换心，要和客户交朋友，这样才能长久地拥有老客户。

四、在拥有老客户的同时还要不断从各种媒体中获得更多客户信息。每周增加 2 个以上的新客户，还要增加 3 到 5 个潜在客户。

五、一周一小结，每月一大结，看看有哪些工作上的失误，及时改正，下次不要再犯。

六、要不断加强业务方面的学习，多看书，开阔视野，丰富知识，上网查阅相关资料，与同行们多交流，向他们学习更好的方式方法。

七、对所有客户的工作态度都要一样，热情而又不卑不亢，给客户留下好印象，为公司树立更好的企业形象。

八、客户遇到问题，不能置之不理，一定要尽全力帮助他们解决。要先做人再做生意，让客户相信我们的工作实力，享受到我们的热情服务，这样才能赢得客户的信赖，拥有更多的客户。

九、自信是非常重要的。要经常对自己说"你是最好的，你是独一无二的"。拥有乐观自信、积极向上的工作态度才能更好地完成任务。

以上就是我新的一年的工作计划。在工作中总会遇到各种各样的困难，我会向同事们请教，千方百计努力克服，为公司做出自己应有的贡献。

2023 年 12 月 15 日

八、参考模板

结构模板	文字模板
标题	××市职业学校外贸英语班2024学年第一学期课外活动计划
正文	×××××××××××××××××××××××××××，为此，特制订本计划（制订
情况分析	说明）。
任务和目标	一、工作任务和目标
	1.××××××××××××××（工作任务和目标之一）。
	2.××××××××××××××（工作任务和目标之二）。
	3.××××××××××××××（工作任务和目标之三）。
要求、方法、 　步骤	二、工作措施
	1.××××××××××××××，××××
	（办法、条件、负责人，即"怎样做"之一）。
	2.××××××××××××××，××××
	（办法、条件、负责人，即"怎样做"之二）。
	3.××××××××××××××，××××
	（办法、条件、负责人，即"怎样做"之三）。
	三、步骤
	1.××××××××××××××，××××
	（步骤或者阶段，即何时完成之一）。
	2.××××××××××××××，××××
	（步骤或者阶段，即何时完成之二）。
	3.××××××××××××××，××××
落款	（步骤或者阶段，即何时完成之三）。
署名	××市职业学校外贸英语班
日期	2024 年 9 月 1 日

任务实施

根据"任务导入"完成下列任务。

1. 填写和撰写计划的相关要素

名称	内容要素	拟写"任务导入"中各要素内容	位置
标题			
正文			
落款			

2. 独立完成"任务导入"中的计划写作

（此处为空白书写区域）

3. 分析、修改撰写的计划

（此处为空白书写区域）

✦ 任务拓展

✦ 改一改

（一）下面是一篇文学社团活动开展计划，请指出存在的问题。

××市职业学校新苗文学社团计划

为全面贯彻教育方针，落实学校大力开展课外社团活动的意见，我社团制订活动计划如下：

1. 本学期举办文学作品欣赏两次，写作技法讲座两次（由语文组辅导教师负责），读书札记交流一次。

2. 组织一次秋游，一次外出采访活动。

3. 本社团成员每周练笔不少于两篇，从中选出优秀习作向校及以上报刊推荐；一学期发表的习作不少于 10 篇。

4. 积极参加校级以上作文竞赛、读书活动竞赛、文明风采征文类比赛，一学期学生撰写作品校级以上获奖不少于 5 篇。

5. 与兄弟学校文学社团加强联系，10 月份组织部分社员外出取经。

6. 学期结束，评选优秀社员。

2024 年 9 月 12 日

（二）下面是一篇顶岗实习计划，请指出存在的问题。

顶岗实习计划

新学期一开学就迎来了为期半年的顶岗实习。对于这个学习任务我是又惊又喜。惊的是这是我第一次严格意义上的实习，对于实习我一直以来都是带着憧憬的，但我又怕我没有经验什么都不会笨手笨脚难以适应；喜的是，这对于自身是一个机遇，一个向前迈进的机会，人总是要成长的，原地踏步是不可能的，很高兴我终于向前迈了一步。同时，实习不比学习，在实习中我可以学到很多书本上学不到的实践，这也是相当宝贵的。因此，制订实习计划也就势在必行了。

我的实习地点是在学校的系办公室。为什么会选择在学校呢？那是因为我觉得在学校的作息时间就和以前当学生时的作息是相同的，方便我像以前一样，我可以像学习一样来实习；再者，这样一来，实习地点离寝室很近，交通极为便利，我就不用和被分配到白杨街道社区的同学一样担心实习地点的远近以及用何种交通工具才能到达，也不需要像去萧山的实习生一样搬行李；学校有食堂，我也就不用担心去哪里吃饭了，总的来说，在学校实习好处多多且一切都不会出乎我的意料。因为我不喜欢事情脱离控制这样会让我的心很没底。

想想时间过得真的好快，此时的我已经是一个快毕业的大三学生，一方面我还是在学校学习当个正常的学生，但是另一方面我也要为自己的未来作考虑了。对于以后，我有我的一番打算。所以，在实习时，我会好好实习，听指导老师的话，就像一个好学生上课专心听课下课认真完成老师布置的作业一般，把顶岗实习当做一门慎重的课程，像学习一样来实习；同时，在实习中我也不能不顾及我的学习。这学期我认为最为重要的是考过英语六级，由此，我会在实习闲暇时好好利用时间看我的英语，望工作学习两不误。

✦ 写一写

（一）根据下面的材料，概括出各段的要旨。

××公司财务科20××年的财务支出节约计划（节选）

为贯彻上级部门所倡导的勤俭办企业的精神，我公司结合去年的实际财务支出状况，争取在今年做到少花钱，多办事，想方设法节约开支。为此，制订今年的财务开支节约计划。

（1）_____。去年，仅变电器贷款利息一项就支出 22 700 元。今年要加强资金管理，合理调度资金，把资金搞活；减少积压物资，加速产品配套；努力推销产品，减少银行贷款，争取每月节约利息支出 700 元，全年节约 8 400 元。

（2）_____。去年，仅采购变压器方面的差旅费就支出 88 397 元。今年，通过加强出差外地和市内交通费的审核，计划节约 2%，全年将约 1 768 元。

（3）_____。去年，共支出办公费 28 000 元。由于本公司将全面实施办公自动化，预计今年长途电话费、印刷品等办公费用可节约 10%，即 2 800 元。

（4）_____。去年，耗材支出 47 740 元。今年通过加强仓库管理，耗材的领用计划预计控制在 46 000 元左右。

（二）新学期开始了，××班团支部要拟写一份学期工作计划，请你根据学校实际制订一份班级团支部学期计划。

任务四　总　结

任务导入

2024 年就这样过去了，小张觉得很有必要好好回忆一下，总结自己一年的得失。小张喜欢旅行。他暑假去了西昌，度过了一个愉快的假期。还在旅行的途中读完了两本书。不过他是一个很冒失的孩子，他竟然在骑着自行车游玩××的路上摔倒了，膝盖因此痛了两个月，还把别人的自行车弄坏了。

小张在 2024 年的学习中进步很大。经过努力，他的英语过了公共英语二级，还顺利通过了计算机二级考试。

小张参加了学校的春季运动会，在 3 000 米的长跑中取得了第三名的好成绩。他本来有机会拿第一名的，但在关键时刻他的肚子突然痛得厉害，可能是比赛前准备活动没有做好的缘故。小张希望 2025 年的春季运动会能够取得好成绩。

假如你是小张，请你根据以上材料写一份 2024 年个人总结。

任务要求

1. 了解总结的含义、种类和特点。
2. 掌握总结的结构与写法。
3. 能根据相关要求独立撰写总结。

任务准备

一、总结的含义

总结是人们对前一阶段的工作或一项活动进行全面、系统的回顾、分析研究，从中找出经验教训，引出规律性的认识，明确今后实践的方向而形成的书面材料。

二、总结的种类

总结的种类较多，标准不同，分类也不同。

（1）按内容分：有生产总结、工作总结、学习总结、思想总结、活动总结等。

（2）按时间分：有月份总结、季度总结、年度总结、阶段总结等。

（3）按范围分：有个人总结、班组总结、单位总结、部门总结、地区总结等。

（4）按性质分：有经验总结、成绩总结、问题总结等。

（5）按习惯分：有全面总结、专题总结、个人总结等。

三、总结的特点

1. 过程性

进行每一项工作，总是有一定的过程。有一定的时间跨度，进行总结时，要把这个过程反映出来。包括工作是怎样开始的，以后又是怎样发展的，中间遇到了什么问题，这些问题是怎样解决的，解决的效果如何，等等。

2. 客观性

总结是对实际工作再认识的过程，是对前一阶段工作的回顾，其内容要完全忠实于客观实践，材料不允许东拼西凑，观点要从工作实践中概括出来。总之，总结内容与观点的提炼，都要以实际工作活动为依据，不允许有任何的主观臆断。

3. 理论性

总结是理论的升华，是对前一阶段工作的经验、教训进行分析研究，上升到理论的高度，从中提炼出有规律性的东西，以正确认识和把握客观事物。因此总结的表述不但要有材料、有观点，而且观点与观点之间、材料与材料之间的联系要合乎逻辑。

4. 群众性

无论哪一个单位、哪一个部门进行总结，都要发动群众，集中群众的智慧。总结要反映群众工作的实践，反映群众创造的成绩与经验。

四、总结的结构与写法

总结的结构由标题、正文、落款三部分组成。

1. 标题

总结的标题有三种形式：

（1）公文式。由单位名称、时间、事由、文种组成，如"××市2024年度市政建设工作总结"。

（2）新闻式。采用双标题，正标题点明文章的主旨或中心，副标题具体说明文章的内容和文种，如"春风进家门，温暖万人心——××市2024年工作总结"。

（3）文章式。标题只是内容的概括，并不标明"总结"字样，但一看内容就知道是总结，如"我校是如何搞好后勤服务社会化的"。

2. 正文

一般由前言、主体、结尾三部分组成。

（1）前言，也称导语，是总结的开头部分。一般是概述基本情况，包括交代总结所涉及的时间、地点、单位和背景。概述基本经验、点明中心思想、引用数据、说明主要成就或问题等。前言要求紧扣中心，简洁精练，有吸引力。这部分表达方式有以下几种：

①概述式。概括介绍基本情况，简要地交代工作的背景、时间、地点、条件等。

②结论式。先明确提出结论，使人了解经验教训的核心所在，然后再引出下文。

③提示式。对工作的主要内容做提示性、概括性的介绍。

④提问式。开头先提出问题，点明总结的重点，以引起人们的注意。

⑤对比式。采用比较法，将有关情况进行对比，显示优劣，说明成绩。

（2）主体，是总结的主要内容，这部分一般要写清楚以下几个问题：

①工作情况。即进行了哪些工作，采取了哪些措施、方法和步骤，有哪些效果，取得了什么成绩。

②经验和体会。即工作中哪些做法是成功的，取得成绩的主客观因素是什么。这部分是总结的重点，在全文中占主导地位，写作时注意主次和详略，注意把感性认识上升到理性认识的高度。

③问题和教训。即工作中遇到哪些问题，给工作带来哪些损失和影响，要着重分析问题和教训及产生的主观原因。

④今后的打算和努力方向。即针对工作中存在的问题，提出切实有效的改进措施，提出一些新的奋斗目标，以表示决心，展望前景，鼓舞斗志。

总结的正文是重点，内容比较复杂，因此，一定要安排好层次结构。一般而言，总结的正文常用以下几种结构方式：

①五段式。按情况—成绩—经验—问题—意见的顺序安排结构，这是人们习惯使用的程序化写法。

②阶段式。人为地把工作或经验的整个过程分成几个阶段，分别说明每一个阶段的成绩、经验和教训。采用这种方法，便于看出每一个阶段工作的发展进程和特点。它适用于周期较长、阶段性明显的工作总结。

③条文式。将总结的内容按性质和主次轻重逐条排列为几个部分，每部分既有相对

60

的独立性，又有密切的联系，分别使用一、二、三等序号。

④标题式。按材料之间的逻辑关系，把正文分成若干大段，分别列出小标题。

⑤比较式。有两种：一是先定标准后进行比较；二是纵横比较。

⑥总分式。先概括总的情况，然后按照逻辑关系，把要总结的分为若干小问题，然后逐次进行总结。

（3）结尾，通常写今后努力方向（也称今后的打算）。如果这项内容在主体中写过，则不再另加结尾。

3. 落款

总结的落款包括署名和日期。单位总结的署名，一般不放在落款处，而写在标题中或标题下。个人总结署名，一般写于正文后的下方。

五、总结写作注意事项

1. 要善于抓重点

总结虽然涉及本单位工作的各个方面，但也不能不分主次、轻重，面面俱到，必须抓住重点。重点是指工作中取得的主要经验，或发现的主要问题，或探索出来的客观规律。

2. 要写得有特色

特色，是区别其他事物的属性。不同的单位、个人，成绩各异。撰写总结时，在充分占有材料基础上，要认真分析、比较，找到重点，不要停留在一般化的层面上。

3. 要注意观点与材料的统一

总结中的经验体会是从实际工作中，也就是从大量事实材料中提炼出来的。经验体会一旦形成，就要选择必要的材料予以说明，从而使经验体会"立"得起来，具有实用价值，这就是观点与材料的统一。

4. 语言要准确、简明

总结要做到用词准确，就必须判断明确，用例确凿；要做到简明，就要求在阐述观点时，将概括与具体相结合，切忌笼统、累赘。

六、范文欣赏

 例一

××省结核病防治所××××年工作总结

在省卫健委党组的关怀和领导下，在各处室的支持和帮助下，××××年全所党政团结、上下齐心，全体职工积极努力奋斗，以全国结核病防治规划为目标，以全国和全省卫生工作大会精神为动力，结合我省和我所实际，圆满完成了所长和党支部两个工作目标合同所规定的任务，并通过抓"项目"试点，为开创我省结核病防治（以下简称结防）工作新局面奠定了良好的基础，现将主要工作总结如下：

一、以目标合同为基础，抓好全省结防工作

所长与主任签订的目标合同，是全年的工作基础；支部工作目标合同，是完成各项任务的保证；全省的防痨工作，则是结防所工作目标和控制全省结核病疫情的要点；而开展的"项目"试点工作，正是推动全省结防工作跨上新台阶的一个良好开端。

1. 党政齐抓共管，争创全省防痨工作新局面（略）。

2. 抓"项目"试点，奠定基础，提高我省结防水平（略）。

3. 完成了今年新列入的×个卫健委项目县启动前的考核检查、培训等准备工作（略）。

4. 加强质控，保证质量（略）。

5. 完成了××、××两个结防监测县的技术指导工作（略）。

6. 继续把好防痨药品质量关，为基层提供方便（略）。

二、积极开展结核病门诊和住院病人的治疗工作（略）

三、做好所内建设，稳定结防队伍

1. 针对结防人员待遇差、队伍不稳定的问题，一方面党支部根据目标的内容利用政治学习的时间摆事实、讲道理，讲老结防人员的创业精神，讲我省以至全国、全世界结核病防治的重要性，讲白衣天使的奉献精神，讲结防工作在社会中的重要地位；另一方面积极组织力量创收，解决职工后顾之忧，较好地做到了两个文明一起抓，两个成果一起要。年内在资金紧缺的情况下，自筹与拨款相结合，疏通了道路，完善了病员食堂，购置了车辆，解决了工作生活中的部分实际问题。

2. 积极完成所内日常人事、保险、劳资、老干、共青团的工作。财务上接受了政府三大检查组重点检查，结果认定：收支管理规范，未发现重大违纪。

四、培训人才与提高教学、科研水平

1. 在人才培养上，一方面积极培养所内人员，另一方面又抓好了对基层人才的培养。今年所内派出××人分别到湖南和北京等地参加学习和进修，派人参加了西安和新疆两个学术会议，以及省急诊培训班等短期学习班。举办了全省结防科长统计培训班、项目办技术指导组强化短训班、结核菌检验规程研讨班和结核病控制项目县启动前的专业人员培训班共十期，共培训×××余人。接收××名基层结核病防治人员到所内进修。

2. 科研工作是反映一个单位人才和学术水平的一个重要指标。今年我所在全国一级刊物发表论文××篇，在中国防痨通讯刊登××篇，在××预防医学刊登××篇，在

××××年全国防痨协会学术年会上交流论文××篇，在××××会上交流××篇，在其他学术会上交流××篇。应××市科委邀请，还派专家到玉溪市进行结防科研评审。

五、宣传工作（略）

六、存在问题

1.我省结核病疫情严重，宣传工作力度不够，使部分领导和群众仍然对其认识不足，大部分医疗单位领导和医院的医务人员仍然不了解现代结核病管理手段和先进的治疗方法。

2.结防机构和人员不稳定，一些已建起来的机构因待遇和经费等原因而撤并，使工作不能开展，今年报卡的结防科已降至××个。占总人口××%的非项目县，新登病人只占全省的××%。

3.非项目县归口管理仍然未解决，很多肺结核病人到医院或普通诊所治疗，由于经济困难和不规则治疗而形成耐药，难治复治病人增多。

4.部分专业技术人员的积极性没有得到充分的发挥，出现忙闲不均，如何调整好是有待今后认真研究的问题。

5.业务学习抓得不紧，没有有计划、有目的地安排专业学习。

××××年×月×日

【赏析】本文结构完整，条理清晰。首先概述了基本情况，然后从五个方面总结了一年的工作，指出了在工作中存在的问题。文章采用分条列项的写法。

◆ 例二

××××年个人工作总结[①]

寒风习习喜迎春，蜡梅绽放笑开颜。就在去年的这个时候，带着领导与同事们的期盼和祝愿，我坐上办公室这叶小舟，小心翼翼地驶入了人事人才工作这个海港。转眼间，20××年已似水一般匆匆流逝，细细地咀嚼这365个日日夜夜，虽然有换挡时的生涩，有蜕变后的苦痛，但更多的是欣喜、是快乐、是成熟！在这里，我衷心地感谢领导和同事们一年来对我的关心、支持和包容！正是有了你们的帮助，我才能一次次化危为机，不断进步。下面，我就一年来在办公室踩下的印迹作"三点"汇报，不对之处敬请在座领导和同事给予斧正。

一、强化形象有优点

泰戈尔曾说："我诗中的天堂正是我心中的理想。"正是心中有理想才会奋力去追寻诗意的天堂。诗意地工作，是我到人事局工作的一个理想。为了实现这个理想，我不断

---

① 本文来自《应用写作》2012年第9期，作者倪隽梓。

地努力，为了提高自身综合能力而"衣带渐宽终不悔，为伊消得人憔悴"。坚持严格要求自己，注重以身作则，讲奉献、树正气、以诚待人，力争延续以前人事局办公室的一流形象。一是思想建设讲学习。我始终把加强思想政治学习放在自身建设的首位，努力提高政治敏锐性和政治鉴别力。为此，我特别注重学习上级有关文件精神、人事政策法规、法律知识和文秘工作业务知识等，以此来增强驾驭办公室工作的能力。二是爱岗敬业讲奉献。办公室工作最大的规律就是"无规律"，因此，我正确看待自身的工作和价值，正确处理苦与乐、得与失、个人利益与集体利益、工作与家庭的关系，坚持甘于奉献、诚实敬业。往往是每当华灯初上、夜深人静的时候，其他人可能正和家人坐在一起，其乐融融，看着电视，畅聊人生，享受着家的绵绵暖意，而我却独坐在电脑前面，动着脑筋，推敲文字。经常加班加点连轴转，没有完整休息过一个周末，尤其是年终工作期间，每天连续工作10个小时以上。但即便这样，我仍然做到加班加点不叫累、领导批评不言悔、取得成绩不骄傲，从而保证了各项工作的正常运转。三是清正廉洁讲正气。清正廉洁，严于律己，讲党性、讲原则、守纪律、慎言行，认真履行自己的职能，不为名所缚、不为利所驱、不为钱所惑、不为物所累，力求做到实现"清心为治本，直道是身谋"的立身纲领，努力展现一个共产党人应有的境界和品格。每次开协调会或者是正常的帮他人忙，坚决不收一包烟，不收一分钱。工作之余，不参与打牌赌博活动，把有限的时间用在工作和学习上，不接受不正当宴请，不接受别人馈赠的礼金红包等。

二、常规工作有看点

我到局办公室工作已一年多了，感想很多，体会颇深，办公室工作的确不好做。最难受的时候是被同事误解；最委屈的时候是被领导错怪；最无助的时候是付出了艰辛却出了差错；最无奈的时候是"繁花独自开，何处诉衷肠"。曾经有人说：办公室工作不是人做的，做好办公室工作的不是人。这话虽然偏激，但也从侧面反映了办公室工作之难。所以在办公室日常工作中，我强化"四个不让"意识（即不让领导布置的工作在我手中延误，不让差错在我手中发生，不让办事人在我这里受到冷落，不让人事局形象因我受损），坚持"三高"来实现工作突破。一是坚持高质量，办文办会能力有所增强。在文件制发的程序和责任上严格把关，确保了机关行文的正确性和严肃性，截至12月20日，共发文16件，处理各级来文133件，未发生任何差错。全年撰写各类汇报、各类制度、领导讲话等材料80余篇，多达几十万字。同时积极向各级各部门报送信息。仅下半年，在县级刊物《××××》上发表通讯报道14篇，在××政府网和××新闻网发表信息文章30篇。坚持会务组织"精细化"原则，狠抓会前准备、会中服务、会后落实三个环节，力求把每一次会务都考虑得更周全，安排得更细致，处理得更完善。全年来共直接参与和组织领导参与会议达160次，承办的工作会议和各种检查50次。二是坚持高站位，综合协调水平有所提高。积极协助局领导抓好与相关部门的衔接工作，协助局领导处理好日常事务，使局领导腾出更多的时间、精力抓发展，谋全局。按照精简、节约、实效的原则，共完成上级检查、工作来访客人25批次100多人次的接待任务。在工作中充分发挥了办公室"总调度"和"中转站"作用，协调好上下关系，在文件运转、接待和办事等方面做到规范有序、有章可循，工作例会、接待、值班、信访、公文处理等工作标准及制度得到进一步完善。三是坚持高要求，其他工作落实有进步。认真贯彻落实《信访条例》，处理职工群众来信来访，按照规定要求，及时向领导反映情况，督促有关部门妥善处理信访案件，做到件件有落实，事事有回音。完成我局××××年和××××年两年的收发文等文字材料的整理归档，对办公室资料档案盒进行统一编号，对文件资料进行分类专门管理。完善了办公用品购买、入库、出库制度，对资料室和办公物品仓库进行整理。进一步规范办公室岗位职责，对办公室工作进行量化和细化，针对个人特点进行合理分工，明确人员和责任；针对外来咨询人员和咨询电话多的特点，注重强化服务意识，改进服务态度，建立人事业务办理指南，树立了人事部门的良好形象。

三、后勤服务有亮点

责任是一种义务、一种使命，责任意识是做好各项工作的前提。我们办公室人员从明确责任、细化责任、履行责任和落实责任四个方面强化责任意识。一是物品采购更加阳光。今年，我们对物品采购进行了规范，指定专人负责，严格登记审批程序，采取货比三家的方法，做到物美价廉。平时采购时，我尽量不当经手人，不与钱物直接打交道，严格把好审核审批关，全局的所有办公物品采购，办公室全部阳光操作，杜绝一切以公谋私的行为。二是办公支出更加节约。切实加强对公务接待及会议用餐的管理，严格控制招待费支出。严格执行招待标准，简化接待程序，减少陪餐人员，杜绝大吃大喝、铺张浪费。今年以来，各部门的检查工作都尽量促使其在十点钟以前进行，这样可以避免安排检查组的中餐。工作时间办公室采用自然光为主，光线不足时适度使用照明灯。节约用水，加强用水设备的日常维护管理，办公室人员经常用听、看的方法检查水龙头是否关好，杜绝跑、冒、滴、漏和长流水现象。加强食堂管理，增强节约粮食的意识，执行预订就餐制度，做到物尽其用。三是物品管理更加有序。我们对仓库进行全面整理，做到仓库环境整洁，物品摆放有序；完善了物品进出库登记审批制度，实行物品仓库专人专管，严格物品发放手续，加强物品管理，减少了物品的损坏和浪费现象。

回顾一年来的工作，虽然取得了以上三方面的成绩，但更清醒地看到了自己工作中仍存在的问题和不足，主要是：政治理论素养需进一步完善；参谋助手作用需进一步发挥；处理突发事件能力需进一步提高；综合协调水平需进一步加强。对此，办公室将在今后的工作实践中，有针对性地采取措施加以解决和完善，争取更好、更有力地服务全局各项工作的开展。

回首过去，是为了更好地面向未来，盘点自己这一年来的收获，无疑是一件愉快的事情，就像农人手捧着粮食，心里充满欣喜；盘点自己这一年来的工作，同时也是一件痛苦的事情，想想年初自己的雄心壮志和种种计划，有的没能付诸实施，有的虽然实施了，效果却不那么理想，也不得不让人遗憾。好在还有将来，日子还在延续，总结经验教训，必将有利于自己的前行。我坚信，只要自己用执着的精神打破一切束缚的枷锁，把生活和工作写出诗意，种下理想，不懈奋斗，相信终会有"雁引愁心去，山衔好月来"的收获。

×××

××××年××月××日

【赏析】这是一篇个人工作总结。例文从基本情况、个人工作成绩、工作中尚存在的问题及今后的努力方向四个方面对工作进行了总结。观点明确、详略得当。

七、病文诊断

××市职业技术学校第十九届艺术节总结

××市职业技术学校第十九届艺术节于2024年12月1日至31日举行，历时一个月，本届艺术节在全校师生的共同努力下取得了圆满成功。主要表现在以下方面：

为成功办好本届艺术节，我校在9月初专门成立了以校长为组长、各部门负责人和各班班长为组员的筹备小组。经团委的精心筹划和组织，各班班主任广泛深入的宣传，广大师生的积极参与，本届艺术节举办得非常成功。为了做好本届艺术节的对外宣传工作，筹备小组组织了艺术节宣传报道班子。××市电视台、××市人民广播电台等新闻媒体也对艺术节给予了极大的关注和支持，进行了跟踪报道，使本届艺术节产生了前所未有的社会影响，得到了社会各界的一致赞誉，学校知名度也因此有了较大提高。经初步统计，全校师生不仅人人参与，而且直接参与本届艺术节六项重大活动的就达两千人次，平均每人参与三项活动。参与本届艺术节的人数和人次在历届艺术节中是最多的。节目质量高、精彩纷呈是本届艺术节的又一重要特点。例如：同学们自编自演的十个童话剧经录音剪辑后在××市人民广播电台逐一播出。这些固然与师生们思想重视、准备充分有关，同时也说明我校艺术教育的质量上了一个新台阶。本届艺术节共设有六项内容，包括开幕式暨音舞组教师专场演出、演讲比赛、童话剧专场演出、学生"弹、唱、跳、画"四项技能综合比赛、师生书画作品展、闭幕式暨学生文艺会演。这些内容涉及音乐、舞蹈、书法、美术、演讲、表演、创编等很多方面。筹备小组成员发扬"创新"校风，注重内容的推陈出新，本届艺术节的内容有一半是新创作的。例如：音舞组教师专场演出、学生"弹、唱、跳、画"四项技能综合比赛、童话剧专场演出三项活动在我校历届艺术节均属首次举办。

2024年1月5日

【诊断】本文总结存在以下问题：

（1）结构不完整。总结缺少工作中存在的问题及对未来工作的促进和展望，应补上。

（2）层次不清楚。经验和成绩要分层来写，根据内容可以分为四个层次来写。

（3）每一层次缺少提纲挈领的句子。

【修改参考文稿】

××市职业技术学校第十九届艺术节总结

××市职业技术学校第十九届艺术节于 2024 年 12 月 1 日至 31 日举行，历时一个月，本届艺术节在全校师生的共同努力下取得了圆满成功。主要表现在以下方面：

一、思想统一，组织有力。为成功办好本届艺术节，我校在 9 月初专门成立了以校长为组长、各部门负责人和各班班长为组员的筹备小组。经团委的精心筹划和组织，各班班主任广泛深入的宣传，广大师生的积极参与，本届艺术节举办得非常成功。

二、内容丰富，推陈出新。本届艺术节共设有六项内容，包括开幕式暨音舞组教师专场演出、演讲比赛、童话剧专场演出、学生"弹、唱、跳、画"四项技能综合比赛、师生书画作品展、闭幕式暨学生文艺会演。这些内容涉及音乐、舞蹈、书法、美术、演讲、表演、创编等很多方面。筹备小组成员发扬"创新"校风，注重内容的推陈出新，本届艺术节的内容有一半是新创作的。例如：音舞组教师专场演出、学生"弹、唱、跳、画"四项技能综合比赛、童话剧专场演出三项活动在我校历届艺术节均属首次举办。

三、参与面广、质量高。经初步统计，全校师生不仅人人参与，而且直接参与本届艺术节六项重大活动的就达两千人次，平均每人参与三项活动。参与本届艺术节的人数和人次在历届艺术节中是最多的。节目质量高、精彩纷呈是本届艺术节的又一重要特点。例如：同学们自编自演的十个童话剧经录音剪辑后在××市人民广播电台逐一播出。这些固然与师生们思想重视、准备充分有关，同时也说明我校艺术教育的质量上了一个新台阶。

四、宣传力度大，社会影响好。为了做好本届艺术节的对外宣传工作，筹备小组组织了艺术节宣传报道班子。××市电视台、××市人民广播电台等新闻媒体也对艺术节给予了极大的关注和支持，进行了跟踪报道，使本届艺术节产生了前所未有的社会影响，得到了社会各界的一致赞誉，学校知名度也因此有了较大提高。

在本届艺术节取得圆满成功的同时，我们也清醒地看到了两个方面的不足。一是学生软笔书法艺术还不尽如人意，书法教学有待进一步加强；二是设置的活动项目过多，师生承担的任务过重，对这期间的课堂教学略有影响。这些应在以后的艺术节中注意克服。

我们深信，本届艺术节的成功经验一定能成为把我校艺术节越办越好的重要基础，我们一定会在以后的艺术节中收获硕果，收获希望。

2024 年 1 月 5 日

八、参考模板

结构模板	文字模板
标题 正文 　前言 　基本做法 　主要存在 　问题 　努力方向	×××××××单位××××年工作总结 　　××××年是我单位×××××××××××××××等各项工作取得明显进步的一年。一年来，我单位全体员工坚持××××××××××××××××××，围绕×××××××××××××××××××等工作，大胆改革，开拓创新，无论是经济效益还是社会效益都取得了显著的成效。 　　一、××××××××××××××××（基本做法、成绩和经验） 　　1.×××××××××××××××××××。 　　2.×××××××××××××××××××。 　　二、××××××××××××××××（基本做法、成绩和经验） 　　1.×××××××××××××××××××。 　　2.×××××××××××××××××××。 　　三、××××××××××××××××（基本做法、成绩和经验） 　　1.×××××××××××××××××××。 　　2.×××××××××××××××××××。 　　一、××××××××××××××××××（主要存在问题） 　　1.×××××××××××××××××××。 　　2.×××××××××××××××××××。 　　一、××××××××××××××××××（努力方向） 　　1.×××××××××××××××××××。 　　2.×××××××××××××××××××。
落款	××××年××月×日

✦ 任务实施

根据"任务导入"完成下列任务。

1. 填写和撰写总结的相关要素

名称	内容要素	拟写"任务导入"中各要素内容	位置
标题			
正文			
落款			

2. 独立完成"任务导入"中的总结写作

3. 分析、修改撰写的总结

任务拓展

改一改

修改下面一份总结。

××公司上半年工作总结

半年来本公司在精神文明和物质文明方面做了许多工作，取得了很大成绩。半年来，主要做了以下工作：动员组织公司干部和广大群众学习中央文件；安排、落实全年生产计划；推行、落实工作责任制；修建子弟小学校舍；建方便面生产车间厂房；推销果脯、食品、编织产品；解决原材料不足问题；美化环境，栽花种草；办了一期计算机技术培训班；调整了工作人员，开始试行干部招聘制。

半年来，在工作繁杂，头绪多而干部少的情况下，能做这么多工作，主要是因为以下几点：

一、上下团结。公司领导和一般干部都能同甘共苦，劲往一处使。工作中有不同看法，当面讲，共同协商。互相有意见时能开展批评与自我批评，不犯自由主义错误。例如有干部对经理未作商议、擅自更改果脯销售奖励办法、影响产量一事有意见，经当面提出，经理做了自我批评，并共同研究了新的奖励办法，又出现了增产势头。

二、不怕困难。本企业刚刚起步，困难很多，技术力量薄弱，原材料不足，产品销路没有打开，等等。为此，领导干部共同想办法，他们不怕跑路，放弃自己的休息时间，忍饥挨饿受冻，四处联系，终于解决了今年所需要的原料，推销了一些产品。

三、领导带头。公司的几位主要领导带头苦干、实干。他们白天到下边去调查了解情况、解决问题，晚上开会研究问题，寻找解决的办法。领导干部夜以继日地工作，使公司工作上了台阶。

××公司

××××年×月×日

写一写

根据个人实际情况，写一份学习或工作总结。

✦ 项目概述

礼仪文书是指国家机关、企事业单位、社会团体或个人在社会交往、礼仪活动和商务活动中常用的各类文书。在人际交往中，人们主要是借助于礼仪文书来调整、改善、发展相互之间的关系，联络感情，沟通信息，增进情谊。

通过本项目的学习，学生应了解请柬、感谢信、欢迎词、欢送词的相关知识，能够正确地拟写请柬、感谢信、欢迎词、欢送词。

✦ 学习目标

能力目标

1. 能形成礼仪文书的写作思路。
2. 能独立完成请柬、感谢信、欢迎词、欢送词的写作。

知识目标

1. 了解请柬、感谢信、欢迎词、欢送词的相关知识。
2. 掌握请柬、感谢信、欢迎词、欢送词的结构与写法。

素养目标

1. 规范言谈举止，学会待人接物，塑造良好的人格。
2. 培养良好的人际交往能力和协作精神。
3. 培养文明守礼、尊重友善的交往态度。

任务一　请　柬

任务导入

2025 年 5 月 6 日是××市职业技术学校成立 30 周年，学校将举行 30 周年校庆庆典活动，校庆筹备委员会主任安排筹备办公室人员赵亮起草一份邀请 2017 届优秀毕业生张杰敏首席工人来校参加 30 周年校庆的请柬。假如你是赵亮，请你拟写一份请柬。

任务要求

1. 了解请柬的含义、设计及送达方式。
2. 掌握请柬的结构与写法。
3. 能根据相关要求独立撰写请柬。

任务准备

一、请柬的含义

请柬又称请帖，是人们在节日和各种喜事中请客用的一种简便邀请信，是为邀请宾客参加某一活动时所使用的一种书面形式的通知。一般用于联谊会、各种纪念活动、婚宴、诞辰或重要会议等，发送请柬是为了表示对客人的尊重和所举行活动的隆重。

二、请柬的设计

1. 请柬的格式设计

请柬可以在市场上选购，也可以自己精心设计，专门定制。请柬的设计要做到格式规范，装帧美观。

请柬可以设计成双折合页式、三折合页式、单页式等款式。无论哪一种款式，都需要注意颜色、质地、图案、字体、字号等元素的使用。

请柬的封面颜色一般常用红色、象牙黄色等，上书"请柬"或"请帖"，最好为烫金美术字，且要有图案装饰。

2. 请柬的内页设计

请柬的内页是正文，为书信格式，要以简明、典雅的语言写明称谓，活动的具体时间、地点、内容，敬邀语及邀请人等。

请柬的排版或书写样式有横式和竖式两种，竖式的书写顺序为由上到下，行与行由右到左排列。如需要用笔填写内容，则要用黑色笔，书写要美观。

三、请柬的送达方式

请柬的送达要适时，一般在活动开始一周前送到宾朋手中，太早或太晚均不适宜。送达的方式可以派专人面呈，也可以邮寄。但无论如何，均应按礼仪惯例，封装递送，否则是很失礼的。

四、请柬的结构与写法

请柬的结构一般由标题、称谓、正文、结尾和落款五部分组成。

1. 标题

第一行正中写"请柬"二字，如请柬是双折或三折的，则在封面居中写上"请柬"二字（有的还在封面进行一些艺术加工，如图案装饰、字体描金或烫金等）。

2. 称谓

顶格书写被邀请单位名称或个人姓名，其后加冒号。个人姓名后要注明职务或职称，如"××先生""××女士""××教授""××书记"。

3. 正文

在称谓下一行空两格书写，交代活动的时间、地点、方式及其他应知事项。如果是请人观看演出还应将入场券附上。若有其他要求也需注明，如"请准备发言""请准备节目"等。

4. 结尾

要写上请语。常用的请语有"敬请光临""恭请光临""恭请尊驾莅临指导""敬候莅临"等。有的结尾处还加上敬语，如"此致敬礼"等。

5. 落款

写明邀请单位名称或个人姓名以及发出请柬的时间。有的请柬在个人署名之后可以加上"敬启"或"谨上"之类谦辞。日期写具体的年月日。

五、请柬写作注意事项

（1）请柬用语要诚恳、谦敬，充分表现出邀请者的热情与诚意。

（2）语言要精练、准确、得体、庄重。凡涉及时间、地点、人名等一些关键性词语，一定要核准查实。要注意根据具体场合、内容、对象，认真措辞，行文应该达雅兼备。

（3）掌握好发送时间。请柬发送太早容易被对方遗忘，太晚又会贻误时间，应根据轻重缓急的程度和客人居住地的远近来考虑发送时间，一般在活动开始一周前送到宾朋手中。

（4）注意美观性和艺术性。在请柬的纸质、款式和装帧设计上，要注意艺术性，做到美观、大方。

六、范文欣赏

 例一

请　柬

尊敬的×××先生：

我公司定于 2024 年 4 月 28 日（星期日）上午 10 时 25 分，在××路 88 号阳光大厦二层举行开业十周年庆典，敬请光临！

此致

敬礼

××公司

2024 年 4 月 21 日

【赏析】这是一份庆典请柬，体现了庄重的风格和对被邀请者的尊重。时间、地点和具体内容在一句话中全部准确地表达出来，要素完备，简洁明确，用语规范。

 例二

请　柬

尊敬的××先生：

敝公司定于 2024 年 10 月 12 日—10 月 22 日每天 8：00—17：00 在上海瑞金大厦 3 号

楼展览大厅举办现代家具贸易洽谈会。

　　恭候

光临！

新大地公司
2024 年 10 月 8 日

　　【赏析】从标题到落款，结构符合要求，时间、地点具体明确，内容简洁，语言谦恭得体。

七、病文诊断

请　束

×××同志：

　　您好！工作一定很忙吧！

　　我校定于四月二十日召开各专业技能教学研讨会，学校研究决定邀请您出席，并在会上讲几句话，希望请您做好准备，务必光临。

　　此致

　　敬礼

××职业中学
2024 年 4 月 3 日

　　【诊断】这份请束在格式、活动时间和地点及请束语言等方面存在问题。现分析如下：

　　(1)"您好！工作一定很忙吧！"多余，应删掉。

　　(2)开会时间不具体，应写清楚是上午×时或是下午×时。

　　(3)开会地点没有说明，应具体交代。

　　(4)"学校研究决定邀请您出席"应改为"特邀您届时出席"。

　　(5)"讲几句话"改为"发言"。"请您做好准备"语意不明确，应说明"准备什么"或改为"请您做好发言准备"。

　　(6)"希望请您做好准备，务必光临"改为"敬请光临"。

　　(7)格式不对。"敬礼"要顶格书写。

【修改参考文稿】

请　束

×××同志：

　　我校定于 2024 年 4 月 20 日（星期三）上午 9：00 在师生发展中心二楼 403 室召开各

专业技能教学研讨会，特邀请您届时出席并请您做好发言准备。敬请光临！

　　此致

敬礼

××职业中学

2024 年 4 月 3 日

八、参考模板

结构模板	文字模板
标题 称谓 正文 结尾 落款	<div align="center">请　柬</div>×××××××： 　　交代时间、地点和内容。 　　敬请莅临 <div align="right">×××××××（单位名称） ××××年××月××日</div>

任务实施

根据"任务导入"完成下列任务。

1. 填写和撰写请柬的相关要素

名称	内容要素	拟写"任务导入"中各要素内容	位置
标题			
称谓			
正文			
结尾			
落款			

2. 独立完成"任务导入"中的请柬写作

3. 分析、修改撰写的请柬

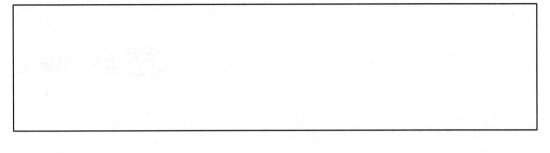

✦ 任务拓展

改一改

修改下面一份请柬正文用语不得体的地方。

请　柬

适逢家父 60 贵庚，特备薄酒，邀请您阖家光临雅风酒楼大快朵颐。5 月 20 日 12 点整恭候大驾，务必赏光。

写一写

根据以下材料撰写一份请柬。

2025 年 5 月 1 日是张亮与黄娟大喜的日子，他们准备邀请高中时的班主任李云老师参加他们的婚礼。请你设计一份请柬。

任务二　感谢信

任务导入

　　××市职业技术学校外贸英语专业 2024 级 3 班的学生自入学以来，一直照顾同班腿有残疾的同学马××。班级同学轮流帮助马××买中饭、清洗饭碗等。马××的家长对同学们每天照顾马××非常感动，感动之余，家长向学校写了一封对 2024 级 3 班全体同学的感谢信。请你代马××同学的家长写一封感谢信。

任务要求

　　1. 了解感谢信的含义、种类和特点。

　　2. 掌握感谢信的结构与写法。

　　3. 能根据相关要求独立撰写感谢信。

任务准备

一、感谢信的含义

　　感谢信是对于支援、帮助、关心过自己的党政机关、企事业单位、社会团体或个人表示感谢的专用书信。

二、感谢信的种类

1. 按感谢对象的特点来分

（1）写给集体的感谢信：一般是个人处于困境时，得到了集体的帮助，并在集体的关心和支持下，自己最终克服了困难，渡过了难关，摆脱了困境，所以要用感谢信的方式表达自己的感激之情。

（2）写给个人的感谢信：对象可以是个人也可以是单位，也可以是集体为了感谢某个人曾经给予的帮助或照顾而写的。

2. 按感谢信的存在形式来分

（1）公开张贴的感谢信：包括可在报纸刊登、电台广播或电视台播报的感谢信，是一种可以公开张贴的感谢信。

（2）寄给单位、集体或个人的感谢信：直接寄给单位、集体或个人。

三、感谢信的主要特点

（1）真实性。主要体现在两方面：一是感谢的对象要真实；二是叙述的事情要真实，如事情发生的时间、地点、经过和结果等。

（2）感召性。感谢信中充满了热情洋溢的感激之情，可使被感谢的一方受到鼓舞和鞭策，感谢一方从中也受到教育和激励，对其他人也有一定的感染力和号召力。

四、感谢信的结构与写法

感谢信通常由标题、称呼、正文、结尾和落款五部分构成。

1. 标题

（1）单独由文种名称组成，即"感谢信"。
（2）由感谢对象和文种名称共同组成，如"致×××的感谢信"。
（3）由感谢双方和文种名称组成，如"××街道致××剧院的感谢信"。

2. 称呼

开头顶格写被感谢的机关、单位、团体或个人的名称或姓名，并在个人姓名后面附上"同志"等称呼，然后再加上冒号。

3. 正文

感谢信的正文从称呼下面一行空两格开始写，要求写上感谢的内容和感谢的心情。应分段写出以下几个方面：
（1）简述事迹，说明在对方帮助下产生的效果。
（2）对对方的品德作出评价和颂扬，表示感谢及表示向对方学习的态度和决心。

4. 结尾

写感谢信收束时表示敬意、感谢的话，如"此致敬礼""致以最诚挚的敬礼"等。

5. 落款

落款署上写信的单位名称或个人姓名，并署上成文日期。

五、感谢信写作注意事项

（1）叙事要简洁，内容要真实，有关人物、事件、时间、地点等要交代清楚。

（2）评价和颂扬对方良好的行为及品德，既要有高度，又要适度。

（3）情感要真挚，文字要精练。

六、范文欣赏

 例一

感谢信

尊敬的老师：

您好！

几载寒暑，桃李芬芳。值此教师节之际，您的学生们想对您说：亲爱的老师，您辛苦了！感谢您的关怀，感谢您的帮助，感谢您为我们所做的一切。请接受学生们美好的祝愿，祝您教师节快乐，天天快乐！刻在木板上的名字未必不朽，刻在石头上的名字也未必流芳，只有刻在人们心灵上的名字，才能永存。

老师——人类灵魂的工程师，唯有这光辉的名字，因为有着像大海一样丰富、蓝天一样深湛的内涵，故将长存我心。您的思想，您的话语，充溢着诗意，蕴含着哲理，在我们的脑海里，曾激起过多少美妙的涟漪！您不是演员，却吸引着我们渴求智慧的目光；您不是歌唱家，却让知识的清泉叮咚作响，唱出迷人的歌曲；您不是雕塑家，却塑造着当代青年的灵魂。您用火一般的情感温暖着每一个同学的心房，让我们领悟我校传统精神的魅力所在；您对我们严格要求，并以自己的行动为榜样；您是莘莘学子心目中的楷模。在生活的大海上，您就像高高的航标灯，屹立在辽阔的海面上，时时刻刻为我们指引着前进的航程！有人说，师恩如山。高山仰止，当更催后来之人奋发不已。正所谓"新竹高于旧竹枝，全凭老干为扶持"。我们的点滴进步和些许成绩都凝聚着您辛勤的汗水。所以，不管何时何地，无论天涯海角，我们都将由衷地呼唤您——亲爱的老师！在这个神圣而崇高的字眼面前，我们永远是需要您启蒙的学生！

老师，感谢您用自己的生命之光，照亮了我们人生的旅途。值此教师节来临之际，我校学生会谨代表全体学子衷心地祝福您：身体健康！工作顺利！

　　此致
敬礼

××学校学生会

202×年9月8日

【赏析】本文结构完整，全文赞美了老师的崇高品质，在教师节来临之际，学生送上了诚挚的祝福。

 例二

感谢信

××市××电器客户服务中心：

　　××技师学院智能制造系王××等10位同学在贵中心的顶岗实习即将结束，借此离别之际，我们诚挚地对贵中心领导和员工表示由衷的感谢！

　　2月×日，我们到达贵中心并开始为期半年的顶岗实习。在生活上，贵中心为我们解决了住宿和伙食等问题，让我们能够全身心地投入顶岗实习工作中。在工作上，贵中心为我们每位实习生安排了经验丰富的师傅。在师傅们的帮助和指导下，我们学会了电路图的分析和工作原理，学会了家电的维修技巧和故障的排除方法，学会了基本电子元器件的焊接和各种机位拆装方法和技巧，能自己独立维修机器。

　　我们忘不了贵中心领导为我们提供的优越实习条件，忘不了贵中心师傅高超的维修技能和对我们尽心尽力的指导和帮助。

　　回到学校后，我们会牢记在这里的学习和生活，加强专业知识学习，不断完善自己，为成为优秀的毕业生而努力！

　　最后，我们10位实习生再次向贵中心表示感谢，感谢领导对我们的关心和帮助，感谢各位师傅对我们的悉心指导！

　　祝贵中心全体员工身体健康，万事如意！祝贵中心生意兴隆！

　　此致
敬礼

××技师学院智能制造系王××等10位同学

××××年××月××日

【赏析】这篇感谢信格式规范，内容齐备。正文概述了事由、对方的事迹，说明了10位顶岗实习生的收获，表达了感谢之情，并对对方的品德作出了适当的评价和颂扬，表示了向对方学习的态度和决心。

七、病文诊断

感谢信

××市职业学校：

我的孩子今年三月份患了严重的心肌炎，不得不住院治疗。在住院期间，你校领导、老师和学生多次来医院探望、慰问。校团委与学生会还发动全校师生为我的孩子捐款，帮助我们解决困难。你们的大恩大德，我们全家人永远不会忘记。

最后，祝你们工作顺利，学习进步，万事如意！

学生家长　赵××

×月×日

【诊断】这封感谢信存在以下问题：

（1）被感谢对象没有顶格书写，对象称谓不够准确。可以修改为"××市职业技术学校领导和全体师生"。

（2）正文内容不全面，关键情节没有写清楚。文章没有写清楚写信者与受信者之间的关系，对要感谢事迹的叙述过于简单，对探望生病学生的具体人员、捐款原因、捐款金额、对方的帮助所产生的效果和影响等关键内容均没有写出来，导致事迹不突出，材料不吸引人。同时文章没有赞颂对方的品德，也没有表达向对方学习的态度及决心。

（3）结尾一般不应写祝颂语，而应写表示敬意和感激的话。如"此致敬礼"或"致以最诚挚的谢意"等词语。

（4）署名之前不应写"学生家长"，而应写上自己的单位和自己的姓名，这样可以为核实和询问带来方便。写信日期应写全年、月、日。

（5）个别地方用语不准确。如，"大恩大德"表示的是一种恩赐，与文中人们无私帮助的精神不符，可改为"高尚行为"。又如，"不会忘记"宜改为"铭记"，"你校"应该为"贵校"，以示尊重。

【修改参考文稿】

感谢信

××市职业技术学校领导和全体师生：

我是贵校财会专业高二（3）班张倩的家长。我的女儿在3月15日下午感觉心悸、胸闷、胸痛并向班主任徐晨老师请假。徐老师见我女儿的脸色不对，就立马开车把她送到××市第一人民医院，用自己的钱为她挂号，办理急诊手续，经医生诊断我女儿患了严重的心肌炎，并需住院治疗。在孩子住院期间，贵校班主任徐晨老师与高二（3）班的同学曾多次到医院探望、慰问，给她送来了许多营养品和鲜花。特别令我们感动的是，贵校团委与学生会还发动全校师生为我的孩子捐款，共筹款贰仟玖佰柒拾柒元，送到我孩子的病床前，帮助我们解决了困难，增强了孩子战胜疾病的信心和勇气，温暖了我们一家人的心。

为此，我们全家对贵校师生这种高尚的爱心、无私的精神表示由衷的感谢！

现在，张倩的身体已基本痊愈了，不久她就能回校继续上学。她表示：一定要把大家的关怀和爱心化作力量，克服困难，刻苦努力，迎头赶上，争取以优良的成绩来报答大家给予她的春天般的温暖。我们做家长的决心更加努力工作，以实际行动来感谢你们。你们的高尚行为我们将永远铭记在心。

此致

敬礼

××市××厂职工　张启蒙

2021 年 4 月 15 日

八、参考模板

结构模板	文字模板
标题 称呼 正文 　简述事迹 　受对方帮助的效果 　评价和赞扬对方品德 　表示感谢 　表示向对方学习的态度 　和决心 结尾 落款	感谢信 ×××××××： 　　××××××××××××××××××××××××××× ×××××××××××××××××××××××（简述事迹，说明受对方帮助的效果）。 　　×××××××高尚的品德（对品德作出评价和赞扬），使我们深受感动，纷纷表示向×××××××学习！（表示感谢，表示向对方学习的态度、决心） 　　此致 敬礼！ <div align="right">×××××××（单位或个人名称） ××××年××月××日</div>

✦ 任务实施

根据"任务导入"完成下列任务。

1. 填写和撰写感谢信的相关要素

名称	内容要素	拟写"任务导入"中各要素内容	位置
标题			
称呼			
正文			
结尾			
落款			

2. 独立完成"任务导入"中的感谢信写作

3. 分析、修改撰写的感谢信

 任务拓展

改一改

找出并修改感谢信中的 5 处错误。

感谢信

××学校：

　　为帮助我校排练艺术节演出节目，贵校给我们派来张××、黄××两位老师，协助我们编排歌舞、演唱。他们工作认真，耐心指导，亲自示范。在两位老师的帮助下，经过全校广大师生的努力，大家的水平得到了很大提高，排练出了很多精彩的节目，使我校艺术节获得了很大成功。

　　现在两位老师回去了，谨代表贵校全体师生向两位老师及你们表示衷心感谢，并希望今后继续得到你们的难得的支援。

　　此致

敬礼

××学校总务处（印）

2024 年 11 月 22 日

◆ **写一写**

　　请你根据以下材料以夕阳红敬老院的名义向××市职业技术学校团委写一封感谢信。

　　××市职业技术学校团委组织了一支青年志愿者服务队，202×年起每周日下午到夕阳红敬老院活动，帮助他们打扫卫生，为老人剪指甲，陪老人聊天、下棋，有时还把自编自导的节目演给他们看，这样的活动已坚持了两年。敬老院的领导写了一封感谢信张贴到学校。

任务三　欢迎词

任务导入

2023 年 10 月，宁波××职业技术学校与新疆××职业技术学校结成友好学校，新疆××职业技术学校的师生两次来宁波××职业技术学校学习，宁波××职业技术学校的教师也赴新疆××职业技术学校指导。2024 年 7 月 23 日—8 月 20 日，新疆××职业技术学校安排烹饪、电子应用技术、旅游服务与管理、汽车运用与维修等 4 个专业 20 位教师来宁波××职业技术学校进行学习。宁波××职业技术学校的领导高度重视，为他们制订了详细的学习计划，在开班典礼上，学校校长对新疆教师来校学习表示热烈的欢迎。请你拟写欢迎词。

任务要求

1. 了解欢迎词的含义、种类和特点。
2. 掌握欢迎词的结构与写法。
3. 能根据相关要求独立撰写欢迎词。

任务准备

一、欢迎词的含义

欢迎词，是指客人光临时，主人为表示热烈的欢迎，在座谈会、宴会、酒会等场合发表的热情友好的讲话。

二、欢迎词的种类

1. 从表达方式上分

（1）现场讲演欢迎词：是由欢迎人在被欢迎人到达时在欢迎现场口头发表的欢迎稿。

（2）报刊发表欢迎词：是发表在报刊或公开发行刊物之上的欢迎稿。它一般在客人到达前后发表。

2. 从社交的公关性质上分

（1）私人交往欢迎词：一般是在个人举行较大型的宴会、聚会、茶会、舞会、讨论会等非官方的场合下使用的欢迎稿。通常要在正式活动开始前进行。私人交往欢迎词往往具有很大的即时性、现场性。

（2）公务往来欢迎词：一般在较庄重的公共事务中使用。要有事先准备好的书面稿，文字措辞上要求较私人交往欢迎词更正式和严格。

三、欢迎词的特点

1. 欢愉性

中国有句古话是"有朋自远方来，不亦乐乎"，所以致欢迎词应当有一种愉快的心情，用语务必富有激情和真诚。只有这样才能给客人一种"宾至如归"的感觉，为下一步各种活动的举行打下好的基础。

2. 口语性

欢迎词本意是现场当面向宾客口头表达的，所以口语化是欢迎词文字上的特点，在遣词用语上要运用生活化的语言，简洁且富有生活的情趣。口语化会拉近主人同来宾的关系。

四、欢迎词的结构与写法

欢迎词通常由标题、称呼、正文和落款四部分组成。

1. 标题

（1）由欢迎场合或对象加文种构成，如"在校庆75周年纪念会上的欢迎词"。

（2）用文种"欢迎词"作标题。

2. 称呼

欢迎词的称谓应是宾客姓名或代表团名称。以泛称全体宾客比较常见，如"同志们，朋友们""女士们，先生们"。也可以尊称被欢迎者与泛称与会者相结合，如"尊敬的×××先生，朋友们、同志们"等，此种写法要先称被欢迎者。如果是欢迎外国贵宾，在其姓名后还可以加上"阁下""殿下""夫人"等尊称。

3. 正文

（1）开头。介绍来宾访问的背景情况，对客人的来访表示欢迎。

（2）主体。主要根据双方的关系，回顾相互交往历程，阐明宾客来访的意义，展望美好未来。

（3）结尾。欢迎词的结尾要表示感谢或祝愿或继续合作的意愿，如"再一次表示热烈欢迎""为朋友们的健康幸福，干杯""向×××再一次表示诚挚的感谢"等。

4. 落款

欢迎词的落款包括署名及日期，在演说结束时，致辞者自然不一一念出落款署名，但在公开发表时，就要在标题下或落款处署上致辞者的名称与日期。署名和日期的形式有三种：一是致辞人的姓名和日期一起居中写在标题之下；二是将致辞人的姓名写入标题中，在标题下写日期；三是署名和日期写在正文之后。

五、欢迎词写作注意事项

（1）看对象说话。欢迎词多用于对外交往。来访目的不同，欢迎的情由也不同。欢迎词要有针对性，看对象说话，表达不同情谊。

（2）看场合说话。欢迎的仪式是多样的，有隆重的欢迎大会、记者招待会；有一般的座谈会、展销会等。欢迎词要看场合说话，该严肃则严肃，该轻松则轻松。

（3）热情而不失分寸。欢迎应出于真心实意，热情、谦逊、有礼。语言亲切，饱含真情，注意分寸，不卑不亢。

六、范文欣赏

例

欢迎词

女士们、先生们：

值此××××厂××周年厂庆之际，请允许我代表××××厂，向远道而来的贵宾们表示热烈的欢迎。

朋友们不顾路途遥远专程前来贺喜并洽谈贸易合作事宜，为我厂××周年厂庆增添了一份热烈和祥和，我由衷地感到高兴，并对朋友们为增进双方友好关系作出努力的行动，表示诚挚的谢意！

今天在座的各位来宾中，有许多是我们的老朋友，我们之间有着良好的合作关系。我厂建厂××年能取得今天的成绩，离不开老朋友们的真诚合作和大力支持。对此，我们表示由衷的钦佩和感谢。同时，我们也为能有幸结识来自全国各地的新朋友感到十分高兴。在此，我再次向新朋友们表示热烈欢迎，并希望能与新朋友们密切协作，发展相互间的友好合作关系。

"有朋自远方来，不亦乐乎"。在此新朋老友相会之际，我提议：

为今后我们之间的进一步合作，

为我们之间日益增进的友谊，

为朋友们的健康幸福，

干杯！

××××厂厂长：×××

××××年××月××日

【赏析】这篇欢迎词的正文分为三部分：首先写欢迎的原因以及以何身份对客人表示欢迎；其次回顾双方交往的历史、合作，以及感谢之情；最后写客人到来的喜悦之情以及美好的祝颂。言辞情真意切，友善礼貌，营造出一种友好欢快的氛围。

七、病文诊断

下面是东方旅游学院部分师生去东湖宾馆参观学习，宾馆总经理在欢迎仪式上的欢迎词。

欢迎词

尊敬的教师们、各位同学们：

在此谨代表宾馆的全体员工欢迎阁下同志们光临东湖宾馆。东湖宾馆坐落于风景秀丽的东湖岸边，三面环水，环境幽雅，具有岛国风情。希望我们的服务能够让阁下有宾至如归的感觉，在此将宾馆内设备及服务向你们作一介绍。

我们将忠诚地为阁下服务效劳，并希望你们能够提出宝贵意见。

东湖宾馆总经理谨致

【诊断】文章主要存在以下问题：

(1) 称谓不准确。应改为"尊敬的各位老师、同学们"。

(2) 正文开头缺少背景介绍，对客人来访表示欢迎的表达也不妥当。

(3) 正文主体部分缺少双方交往而结下友谊的相关内容。

(4) 正文结尾部分可以增加良好的祝愿和希望。

(5) 落款中署名应改为"东湖宾馆总经理×××"，去掉"谨致"；增加落款时间。

【修改参考文稿】

欢迎词

尊敬的各位教师、同学们：

今天东方旅游学院的老师和学生来我宾馆参观学习，我代表东湖宾馆的领导和全体员工，并以我个人的名义，对你们的光临表示热烈的欢迎。

东湖宾馆坐落于风景秀丽的东湖岸边，三面环水，环境幽雅，具有岛国风情。近年来，我们本着优势互补、资源共享、互利共赢、共同发展的原则，建立长期、有效的合作关系，学校为我们宾馆培养了很多高素质技术技能人才，我们宾馆也为学校学生实习、实训、就业提供了空间，彼此结下了深厚的友谊。

我深信，贵校师生此次来访必将加强我们之间的合作，日益增进我们之间的友谊。在此，我再次向贵校师生的来访表示热烈欢迎，我们将竭尽全力做好服务工作，希望我们的服务能让师生们有宾至如归的感觉。

谢谢大家。

东湖宾馆总经理×××

2024 年 4 月 12 日

八、参考模板

结构模板	文字模板
标题	欢迎词（或××××的欢迎词）
称呼	女士们、先生们：
正文 开头：用一句话表示欢迎 主体：欢迎的情由	值此××××的美好日子，我代表×××××××××向远道而来的各位贵宾表示热烈的欢迎（以特定身份欢迎宾客）。 作为合作伙伴，朋友们不顾旅途遥远，专程前来洽谈合作事宜，对我们今后的事业发展，必将产生××××××××，我们感到非常高兴（宾客来访的目的、意义）。 今天在座的各位来宾中，有许多是老朋友，在过去的日子里，我们曾经×××××××××××××××。我们能取得今天的成绩，离不开朋友们的真诚合作和大力支持。在此，我代表×××××××再次向×××××××××表示强烈的谢意（写合作的历史、合作的成果，赞扬宾客贡献，致谢）！ "有朋自远方来，不亦乐乎"。我真诚地希望各位来宾多逗留一些日子，多给我们传经送宝，指导我们的工作（继续合作的意愿）。
结尾：表示感谢或祝愿 落款	再次对诸位的光临表示热烈的欢迎！（再次表示欢迎） 单位名称、职务、姓名 ××××年×月×日

任务实施

根据"任务导入"完成下列任务。

1. 填写和撰写欢迎词的相关要素

名称	内容要素	拟写"任务导入"中各要素内容	位置
标题			
称呼			
正文			
落款			

2. 独立完成"任务导入"中的欢迎词写作

3. 分析、修改撰写的欢迎词

✦ 任务拓展

✦ 改一改

某校将承办全国中学生运动会，小王作为运动会的志愿者，负责撰写一段迎接外省某中学生代表团的欢迎词，下面是小王完成的欢迎词，其中在格式、标点符号、表达等方面存在错误，请你找出来，并改正。

××中学代表团的老师们、同学们，大家好！两千多年前的孔子在他的"论语"中就说过"有朋自远方来，不亦乐乎"。今天，我们热烈欢迎远方的朋友们莅临贵校。我校不止环境优美、历史悠久，而且热情好客。鄙人是赛会的志愿者，在整个运动会期间，您们有什么困难我们都将倾力相助。衷心祝愿朋友们在运动会上发挥出最佳水平，光荣凯旋而归。

 写一写

　　202×年××市职业技术学校招收新生 1 050 人，9 月 1 日上午新生报到，下午举行开学典礼。在开学典礼上，学校校长对新生的到来表示热烈的欢迎。请你撰写一份校长在开学典礼上欢迎新生的欢迎词。

任务四　欢送词

任务导入

2024 年 7 月 23 日—8 月 20 日，新疆××职业技术学校安排烹饪、电子应用技术、旅游服务与管理、汽车运用与维修等 4 个专业 20 位教师来宁波××职业技术学校进行学习。教师们学习了教育教学理论、专业知识和专业技能，同时也学习了实验实训室的管理。学习培训即将结束，学校组织培训的老师召开了一次欢送会，学校校长代表学校致欢送词。假如你是办公室文员，代校长写一篇欢送词。

任务要求

1. 了解欢送词的含义、种类和特点。
2. 掌握欢送词的结构与写法。
3. 能根据相关要求独立撰写欢送词。

任务准备

一、欢送词的含义

欢送词是主人在欢送宾客的仪式、集会、宴会上，对宾客即将离去表示欢送的礼仪文书。

二、欢送词的种类

欢送词可以根据表达的情感、欢送对象的身份以及场合不同而进行分类。

1. 按情感分类

（1）祝福欢送词：是在欢送对象即将踏上新的旅程或开始新的生活阶段时，向其表达美好祝愿的一种欢送词。

（2）感激欢送词：是在欢送对象离开时，向其表达感激之情的一种欢送词。

（3）怀旧欢送词：是在欢送对象即将告别或离去之际，向其表达对过去岁月的回顾和感怀的欢送词。

2. 按欢送对象身份分类

（1）同事欢送词：是在工作场合中，对即将转职、离职或退休的同事进行欢送时使用的一种欢送词。

（2）学生欢送词：是在学生毕业或离开学校时，向学生表达祝福和鼓励的一种欢送词。

（3）领导欢送词：是在领导即将离任或调职时，向领导表达敬意和祝福的一种欢送词。

3. 按场合分类

（1）婚礼欢送词：是在新人步入婚姻殿堂时，向新人送上祝福和美好祝愿的一种欢送词。

（2）毕业典礼欢送词：是在学校举行毕业典礼时，向毕业生送别并祝福的一种欢送词。

（3）送别宴会欢送词：是在举行送别宴会时，向即将离开的人士送上祝福和欢送的一种欢送词。

三、欢送词的特点

1. 惜别性

有句古诗说得好，"相见时难别亦难"，中国人重情义这一千古不变的民族传统精神在今天更显得珍贵。欢送词要表达与亲朋即将分别时的感受，所以依依惜别之情要溢于言表。当然格调也不可过于低沉，尤其是公共事务的交往更应把握好分别时所用言辞的分寸。

2. 口语性

口语性是欢送词的显著特点之一。遣词造句也应注意使用生活化的语言，使送别既富有情趣又自然得体。

四、欢送词的结构与写法

欢送词由标题、称呼、正文、落款四部分组成。

1. 标题

包括致辞人、致辞场合、文种三个要素，有时也只写"欢送词"三个字。

2. 称呼

写欢送对象的称呼，顶格，后面加冒号，前面加敬语。如"尊敬的××先生"。

3. 正文

欢送词的正文一般由开头、主体和结尾三部分构成。

（1）开头：应说明此时在举行何种欢送仪式，发言人是以什么身份代表哪些人向宾客表示欢送的。

（2）主体：用于外交礼仪的欢送词，主体要对客人来访期间取得的成绩和为进一步发展双方的友好关系及工作上的合作做出的贡献，给予充分的肯定和赞扬，并阐明来访的深远意义和影响。用于欢送来访的专家、学者的欢送词，可以回顾彼此相处时建立的友谊，对他们的帮助、指导表示谢意，对他们的学术水平、技能水平表示肯定。用于欢送学生毕业、军人退伍、工作人员调离岗位的欢送词，可以回顾相处时在学习、训练、工作中所取得的成绩和建立的友谊，并表达依依惜别之情。

（3）结尾：再次向来宾表示真挚的欢送之情，并表达期待再次合作的心愿。亲朋远行尤其要表达希望早日团聚的惜别之情。

4. 落款

欢送词在落款处要署上致辞的单位名称，致辞者的身份、姓名，并署上成文日期。

五、欢送词写作注意事项

（1）称呼要用尊称，感情要真挚，要能得体地表达自己的原则立场。

（2）内容要有实质性。写欢送词时易出现客套话太多，内容空泛的毛病，这样的稿子很难收到理想效果。

（3）语言要热情、友好、温和、有礼，与欢送的环境气氛要适应。

（4）篇幅短小，言简意赅。一般的欢送词都是一种礼节性的外交或公关辞令，宜短小精悍，不必长篇大论。

六、范文欣赏

例一

欢送词

尊敬的女士们、先生们：

首先，我代表×××，对你们访问的圆满成功表示热烈的祝贺。

两天来，我们本着平等互利的原则，经过认真协商，签订了《×××××××协议》，为双方今后的合作和发展打下了良好的基础。明天，你们就要离开×××了，在即将分别的时刻，我们的心情依依不舍。大家相处的时间是短暂的，但我们之间的友好情谊是长久的。我们之间的合作才刚刚开始，中国有句古语："来日方长，后会有期。"希望我们加强合作，不断往来，欢迎各位女士、先生在方便的时候再次来×××做客，相信我们的友好合作会结出丰硕果实！

祝大家一路顺风，万事如意！

×××××：×××

××××年××月××日

【赏析】开篇先表示祝贺之意。紧接着介绍来访取得的主要成果，说明分别时的不舍之情，表达良好祝愿。最后，再次表达祝福的心愿。引用古语恰到好处，既文雅庄重，又传达出浓浓的情义。

例二

导游欢送词

各位游客朋友：

我们的行程到这里就基本结束了，和大家在一起相处的日子我觉得非常开心，希望我也给各位带来了开心和欢乐。临别之际没什么送大家的，就送大家四个字吧。第一个字是缘分的"缘"，我们能够相识就是缘，人们常说百年修得同船渡，可以说我们是百年修得同车行。这次旅程也是百年修来的缘分啊，现在我们就要分开了，缘分却未尽。第二个字就是财源的"源"，也希望各位朋友在以后的日子，财源如滔滔江水连绵不绝！第三个字是原谅的"原"，在这次几天的旅程中，小张有什么做得不到位的地方还请大家多多包涵多多原谅，多提宝贵意见，让我以后的工作能做得更好。最后一个字是圆满的"圆"，朋友们，我们的旅程到这就圆满地结束了。

预祝大家工作好、家庭好、身体好、心情好、今天好、明天好、不好也好、好上加好、来点掌声好不好！谢谢大家！

导游：×××

202×年×月××日

【赏析】这是一篇导游送别词。称呼作者用了"各位游客朋友"，有"朋友"一词，拉近了导游与旅客的关系，显得亲近。在正文的开头部分，说明了欢送词的缘由，主体部分通过赠送四个字来分层表述，表明本次合作加深了彼此的友谊，表达了对游客的美好祝愿，希望游客对合作中尚存的问题给予包涵。结尾处作者再次表达了自己诚挚的祝愿。

七、病文诊断

欢送词

同学们：

虽然窗外阳光明媚、鸟语花香，一派令人欣喜的春光，但我们却得到了一个令人伤心的消息，那就是，我们的班长要走了。

回想起班长王林和我们相处的两年，真是让我们难忘啊！有同学病了，他陪着去医院看病取药；有同学有困难，他慷慨解囊。我们难忘运动会上，他跑前跑后，满脸是汗的情景；我们难忘教室里，他刻苦学习的身影；我们更难忘他带领班级取得的大量的荣誉。没有他，我们这个集体将是一盘散沙；没有他，我们这个班级将成为无将之兵！今天，我们在此聚会，表达我们的惜别之情，祝愿王林在新的学校继续努力，取得更大的成绩。

【诊断】这是一篇欢送同学转校的欢送词，存在以下几个方面的问题。

（1）开头没有点明送别的原因、地点和参与者。

（2）"班长要走了"有歧义。

（3）"他跑前跑后，满脸是汗的情景"语义不清。

（4）"没有他，我们这个集体将是一盘散沙；没有他，我们这个班级将成为无将之兵！"的说法过于夸大，言过其实。

（5）缺少署名与落款。

【修改参考文稿】

欢送词

同学们：

今天，我们欢聚在高二（3）班的教室里，欢送我们的王林班长，他将转学到×××学校，下学期就不再回我们班学习了。

班长王林和我们在一起的这两年，真是让我们难忘啊！有同学病了，他陪着去医院看病；有同学遇到困难，他解囊相助。我们难忘运动会上，他跑前跑后，满脸是汗，为大家服务的情景；我们难忘他刻苦学习的身影；我们更难忘他带领班级取得的许多荣誉。王林班长是我们班的行动楷模和精神领袖。今后，我们虽然不在一起上学了，但我们不会忘记朝夕相处的这两年。

今天，我们在此聚会，表达我们的惜别之情，祝愿王林在新的学校继续努力，取得更大的成绩。

××班级：×××

2024 年 7 月 15 日

八、参考模板

结构模板	文字模板
标题	欢送词（或××××的欢迎词）
称呼	女士们、先生们：
正文 　开头	×××××××××××××××，×××××××××××××××××（阐述欢送背景）。
主体	×××××××××××××××，×××××××××××××××，×××××××××××××××（回顾宾客访问的行程、内容和成果）。
结尾	×××××××××××××××，×××××××××××××××，×××××××××××××××（表达继续合作的意愿，再次表达欢送之意）。
落款	单位名称、职务、姓名 ××××年×月×日

任务实施

根据"任务导入"完成下列任务。

1. 填写和撰写欢送词的相关要素

名称	内容要素	拟写"任务导入"中各要素内容	位置
标题			
称呼			
正文			
落款			

2. 独立完成"任务导入"中的欢送词写作

3. 分析、修改撰写的欢迎词

任务拓展

改一改

下面是一份欢送毕业生的欢送词，找出文章存在的问题并进行修改。

致毕业生欢送词

各位领导、老师、各位学长、学姐们你们好：

　　时间从指间流走，我们即将面临分离、心中充满了不舍。在学校，你们不仅不断提升自己，还在不断鞭策着我们。你们告诉我们，对于生活，应该永远保持乐观积极的态度，不管遇到任何事都不可放弃。学长学姐们，你们是无私的，感谢你们与我们分享这宝贵的经验，我们将永远铭记在心。

　　毕业，是人生的一个转折点，但愿各位学长学姐能比翼双飞，飞得更高、看得更远。

　　在此，我谨代表学校全体在校生，祝所有的学长学姐们早日实现远大的理想，拥有美好的未来。

写一写

　　布鲁斯夫妇是罗丹公司的外籍专家，他们在华工作的三年认真严谨、一丝不苟，还以手把手带徒弟的方式为罗丹公司培养了多名优秀的年轻工程师。现在他们的合约期满即将回国，临行前公司决定召开隆重的欢送会为他们送行，请你为此拟写一篇欢送词。

✦ 项目概述

会议文书是各类社会组织在其职权范围内制定的公开发布并反复适用、用以规范行为、具有普遍约束力的文件。会议是企事业单位日常工作中必不可少的内容。会议是共同商议事情、解决问题的重要途径。

通过本项目的学习，学生应了解会议通知、会议记录、会议纪要、会议简报的相关知识，能够正确地拟写会议通知、会议记录、会议纪要、会议简报。

✦ 学习目标

能力目标

1. 能形成会议文书的写作思路。

2. 能独立完成会议通知、会议记录、会议纪要、会议简报的写作。

知识目标

1. 了解会议通知、会议记录、会议纪要、会议简报的相关知识。

2. 掌握会议通知、会议记录、会议纪要、会议简报的结构与写法。

素养目标

1. 培养自我认知能力、独立思考能力、发现和解决问题的能力。

2. 逐步形成诚信、敬业的价值观。

3. 培养职业态度、职业情感、职业意识和职业素养。

任务一　会议通知

任务导入

　　大宇股份有限公司为了更好地开拓市场，将业务做大做强，决定在 2025 年 2 月邀请全国各地新老客户召开一次大型的业务咨询洽谈会。公司营销部已为办公室提供了公司客户名单、公司新产品介绍等各种必备的资料。公司决定让办公室做好会议的相关工作。假如你是公司办公室主任，请你起草这份会议通知。

任务要求

　　1. 了解会议通知的含义和特点。

　　2. 掌握会议通知的结构与写法。

　　3. 能根据相关要求独立撰写会议通知。

任务准备

一、会议通知的含义

　　会议通知，一般分为公文会议通知和日常会议通知。公文会议通知是正式文件，内容多为重大事项，必须严格按照公文处理；日常会议通知是日常使用的应用文，是事项主管部门为了解决某个共同问题或出于不同目的进行讨论、交流的会议前告知与会者开会而经常使用的一种应用文。这里主要介绍日常会议通知。日常会议通知主要用于通知参会者有关会议的召开日期、时间、地点，以及需要阅览和携带的文件。如果是较大型的会议，还需要列明参会者报到的时间、地点、联络人姓名、联络方法、交通安排等事项。

二、会议通知的特点

1. 知照性

会议通知要告知与会者开会的时间、地点和相关事项等，从而使与会者早做准备，以确保会议成功。

2. 真实性

会议通知的时间、地点、参会人员等方面必须是真实的，否则，会议无法进行。

3. 时效性

会议通知事项一般是要求与会者在规定的一段时间内知晓或办理，一段时间后，也就随之失去了相应的效力。

三、会议通知的结构与写法

会议通知一般包括标题、主送机关、正文和落款四个部分。

1. 标题

标题有两种形式：一是完全式标题，由"事项主管部门名称＋关于＋事由＋文种"构成，如"×××集团公司关于召开×××的会议通知"；二是省略式标题，有的省略"事项主管部门名称"，如"关于召开学生工作辅导员例会的通知"。

2. 主送机关

主送机关即受文机关。如公开发布的普发性通知，则可以不写主送机关。

3. 正文

（1）开头：写明举办会议的依据、目的或背景等。之后一般以"现将有关事项通知如下"过渡。

（2）主体：可采用分条列项结构写作，且一般在条首标明通知的具体事项。

会议名称：由何单位组织召开或主办。

会议内容：会议主题、议题、议程等。

会议时间：包括报到时间、正式开始时间和会期。

会议地点：具体写明会场所在的地名、路名、门牌号码、会场名称。

与会人员：如果通知是发给单位的，应当说明与会人员的具体条件和人数（如职务、级别等）。

会议要求：会前拟参加人员应做何准备，组织者有什么希望、要求。

其他事项：如何接待或安排，如参加会议的费用及支付方式，报名的方式和截止日期，乘车路线，车、船、飞机班次以及组织者认为必须说明的其他事项。

联系方式：如主办单位或筹备机构的地址、邮编、银行账号、电话和传真号码、网址、联系人姓名等。

（3）结尾：可用"特此通知"或者省略结尾。

4. 落款

落款包括事项主管部门名称、成文时间并加盖公章。

四、会议通知写作注意事项

（1）要具体明确。会议的目的、时间、地点、参会人员、议题等都应写清楚。

（2）要考虑时效性。会议通知要及时发布，以便通知对象及时处理。

（3）要注重简洁性。宜开门见山、直奔主题；宜将核心关键信息点放在醒目突出位置；宜做到要言不烦、意尽文止。

五、范文欣赏

 例

<h3 style="text-align:center">关于召开 2022 年全省中职文秘专业教研大组年会
暨"新趋势·新思维·新模式"专业建设研讨会的通知</h3>

各设区市职教教研室、有关中职学校：

根据《2022 年浙江省职教教研工作计划》安排，经研究，决定于 2022 年 12 月上旬在杭州市召开全省中职文秘专业教研大组年会暨"新趋势·新思维·新模式"专业建设研讨会。现将有关事项通知如下：

一、会议内容

1. 专家讲座。

2. 中职文秘专业建设经验交流。

3. 说课展示、公开课观摩及研讨。

二、会议时间及地点

1. 会议时间：12 月 5 日—6 日，其中 5 日上午 12:00 前报到，5 日下午 1:30 开始会议，6 日下午离会。

2. 报到地点：杭州××宾馆（地址：杭州市××路××号，联系电话：0571 - 8721 ××××）。

3. 会议地点：杭州市××职业学校（杭州市××区××路××号）。

三、参会人员

1. 各市职教教研室分管教研员1名。

2. 理事长和副理事长学校代表各2名，理事学校代表1名。其他开设文秘专业的学校代表1名，由各市职教教研室通知。

3. 受邀专家。

四、其他

1. 参会代表食宿统一安排，差旅费回原单位报销。

2. 会议回执（见附件）请在11月30日前发送至邮箱：41×××××××@qq.com。联系人：刘××，153××××××××；林××，159××××××××。

附件：参会回执

浙江省教育厅职成教教研室（印）

2022年11月4日

【赏析】这是一份会议通知。标题采用了省略式，由"关于＋会议内容＋文种"组成；正文写了会议依据、时间、地点及会议名称后，用文种承上启下语引出会议内容、会议具体时间和地点、参会人员等事项并分条列出；落款为通知单位、通知日期和印章。全文条理清楚，规定具体明确，用语简洁。

六、病文诊断

××县水电局关于召开局系统

2023年上半年生产会议的通知

局属各单位：

为了及时总结我局系统半年来的生产情况，更好地完成和超额完成下半年生产任务，经2023年7月15日第19次局务会议研究决定，定于七月二十六日召开局系统上半年生产会议。现在把会议有关问题通知如下：

（一）参加会议人员：各单位主要负责人。

（二）会议时间：七月二十六日一天。

（三）会议地点：局本部会议室。

（四）准备下列内容的材料：

1）今年1—6月份生产进度数据及存在的主要问题。

2）下半年生产进度安排意见及完成任务的各项具体措施。

3）安全生产情况及存在的主要问题和解决办法。

4）职工思想状况及需要解决的主要问题。

局办公室

二〇二三年七月十六日

【诊断】这份会议通知的错误主要表现在以下方面：

（1）行文单位和落款不符，"局办公室"应为"××县水电局"。

（2）过渡句口语化。应改为"现将有关事项通知如下"。

（3）文章结构层次的数字表达不规范。

（4）会议时间不够具体，文中表达一般采用阿拉伯数字。

（5）会议地点不够明确。

（6）成文时间采用阿拉伯数字。

（7）正文文字也存在一些问题。

①"更好地完成和超额完成……"不符合逻辑，其中的"和"应改为"或"；也可只说"更好地完成"，去掉"超额完成"。

②"经2023年7月15日第19次局务会议研究决定，定于七月二十六日召开局系统上半年生产会议"一句有三个毛病：一是时间的表示前后不一致，有用数字的，有用汉字的；二是"决定"和"定于"，文字和词意重复；三是"七月二十六日"和通知事项（二）重复。

③"准备下列内容的材料"，可去掉"下列内容的"几个字。

④"今年1—6月份生产进度数据"，可改为"2023年1—6月份生产进度情况"。

⑤"生产进度安排意见"提法不妥，可改为"生产指标"或"生产安排意见"。

⑥"完成任务的各项具体措施"，其中"各项"二字可不用。

⑦"安全生产情况及存在的主要问题和解决办法"，安全生产情况应该包括存在问题，不宜将这种属种关系的概念并列（下句语病相同）。

【修改参考文稿】

××县水电局关于召开局系统
2023年上半年生产会议的通知

局属各单位：

为了及时总结我局系统半年来的生产情况，更好地完成下半年生产任务，2023年7月15日第19次局务会议研究，决定召开上半年生产会议。现将有关事项通知如下：

一、会议时间：2023年7月26日上午9:00开始，会期一天。

二、参加人员：各单位主要负责人。

三、会议地点：局会议室305室。

四、准备材料：

1. 2023 年 1—6 月份生产进度情况及存在的主要问题；

2. 下半年生产安排意见及完成任务的具体措施；

3. 安全生产情况及解决问题的办法；

4. 职工思想状况（突出要解决的主要问题）。

××县水电局（印章）

2023 年 7 月 16 日

七、参考模板

结构模板	文字模板
标题 主送机关 正文	×××集团公司关于×××的会议通知 各××，公司各部门： 　　×××××××××××××（背景、缘由）。为了××××××××××，本公司决定召开×××××××工作会议（目的）。现将有关事项通知如下：（文种承上启下语） 　　一、会议议题：××××××××××。 　　二、参会人员：××××××××××。 　　三、会议时间：×月×日至×月×日。 　　四、会议地点：××××××××××。 　　五、会议报到时间与地点：×月×日××——××，××××××报到。 　　六、其他事项： 　　1.××××××××××。 　　2.××××××××××。 　　3.会务联系：××市××路××号×××××××工作会议会务组。邮编：××××××××。联系人：×××。联系电话：×××××××××××。电子邮箱×××× ×××@qq.com。 　　4.附件：会议报名回执表
落款	××××集团公司（盖章） ××××年××月×日

任务实施

根据"任务导入"完成下列任务。

1. 填写和撰写会议通知的相关要素

名称	内容要素	拟写"任务导入"中各要素内容	位置
标题			
主送机关			
正文			
落款			

2. 独立完成"任务导入"中的会议通知写作

3. 分析、修改撰写的会议通知

 任务拓展

改一改

下面是一份会议通知，请你指出文章存在的问题。

<h3 style="text-align:center">××县人民政府关于召开会议的通知</h3>

县属各镇（乡）局（行）矿：

为了总结经验，加速我县经济建设的步伐，县政府决定本月中旬召开经济工作会议。现将有关事项通知如下：

1. 参加会议人员为各单位主管经济工作的负责人。

2. 参加会议人员应认真准备有关经济工作情况及今后打算的材料，以便在会上汇报或交流。

3. 会议结束后，将布置下半年的工作安排，请及时传达。

4. 参加会议人员应自带生活用品，上交伙食费。

5. 请于 15 日 5 时到县政府报到。以上通知，请遵照执行。

××县人民政府

202×年×月××日

✦ **写一写**

　　根据以下材料，撰写一份会议通知。撰写过程中如需其他事项，可在题目要求范围之内适当虚拟。

　　××市教育工会为了总结上半年工作经验，交流下半年工作思路，部署下阶段工作，向各县（市）、区教育工会发出了召开县（市）、区教育工会主席会议的通知，会议事项可以根据上面材料自定。请你根据会议通知要求撰写一份会议通知。

任务二　会议记录

✦ 任务导入

　　大宇股份有限公司是一家从事光学及光电相关产品设计、研发、生产及销售的股份有限公司。该公司拥有团结的领导核心、朝气蓬勃的管理团队、科学的管理机制。2024年10月17日下午，公司在行政楼三楼会议室召开了部门经理工作例会。生产技术部、商务部、财务部、行政部、人力资源部等各部门的负责人对9月份的工作进行了总结，并分别阐述了10月份的工作计划和具体安排。

　　请同学们以小组为单位，分角色模拟大宇股份有限公司部门经理在工作例会上的发言，并做好会议记录工作。

✦ 任务要求

　　1. 了解会议记录的含义、种类和特点。

　　2. 掌握会议记录的结构与写法。

　　3. 能准确、快速地进行会议记录。

✦ 任务准备

一、会议记录的含义

　　会议记录是开会时当场把会议的基本情况和会议上的报告，讨论的问题，发言、决议等内容记录下来的书面材料。会议记录是对会议整个情况所做的真实记载，其作用在于正确反映会议情况，作为整理会议文件、汇报会议精神、研究工作等存查备考的一种历史资料。

二、会议记录的种类

1. 按性质分类

会议记录分为党委会议记录，群众团体会议记录，企业、事业行政会议记录等。

2. 按内容分类

会议记录分为行政例会记录、工作会议记录和座谈会记录。

3. 按写法分类

会议记录分条项式（决议式）记录、综合式（概述式）记录、摘要式记录等。

4. 按手段分类

会议记录分机器自动记录（录音）和手工记录。机器自动记录可以弥补手工记录的不全面等不足。

三、会议记录的特点

1. 实录性

会议记录要反映会议的全过程，应从会议名称记起，直至"散会"。主持人、记录人签名等，要逐一落实；忠实记录会议上的发言和有关动态；会议发言的内容是记录的重点。其他会议动态，如发言中的插话、笑声、掌声，临时中断以及其他重要的会场情况等，也应予以记录。

2. 具体性

凡是需要记录下来的会议内容、过程、有关的人和事、问题等，都要记全，并如实反映。

3. 准确性

会议记录应准确写明会议名称（要写全称），开会的时间、地点，会议性质，还要如实记录主持人、报告人、发言人的讲话和会议决议，不能有差错。

四、会议记录的结构与写法

会议记录主要分为两部分，即会议组织情况和会议内容。

1. 会议组织情况

（1）标题。标题由会议名称（含届、次）加上"记录"构成。

（2）会议的名称（含次数）。

（3）召集部门。写清召集会议的单位或机构的名称。

（4）开会日期和地点。开会时间要写清年、月、日，以及会议开始的具体时间。会议地点要写清召开会议场所的名称。

（5）出席、列席、缺席人员。出席人员指按照规定必须参加的人。人数不多的会议，要把出席人员的姓名全部写上，有些重要的人员要写上职务。列席人员指不属于本次会议的成员，但与会议有关的各方面人员，要写清单位名称和姓名。人少的会议要写清缺席人员的姓名，人多的会议要记明人数。

（6）主持人、记录人。要写出主持人的姓名和职务。记录人的姓名也要写上，以示对所作记录的内容负有责任。

上述内容，要在会议主持人宣布开会前准备好。

2. 会议内容

会议上的报告、发言及决议事项都是会议记录的内容。记录时应写上发言人的姓名和发言内容。会议记录内容应该突出的重点包括以下几方面：

（1）会议的中心议题以及围绕会议中心议题展开的有关活动；

（2）会议讨论、争论的焦点及各方的主要见解；

（3）权威人士或代表人物的言论；

（4）会议开始时的定调性言论和结束前的总结性言论；

（5）会议已议决的或议而未决的事项；

（6）对会议产生较大影响的其他言论或活动。

会议结束时，应单独一行写"散会"，并注明散会时间。

最后主持人和记录人签名。

五、会议记录写作注意事项

（1）项目要齐全。会议记录项目较多，各个项目不能无故残缺，必须一一记录明白。当出席人、列席人、缺席人较多时，可以只写主要人物和总的出席、列席、缺席人数。

（2）记录要客观、真实、完整。真实、客观是会议记录的重要特征，在记录时应做到秉笔直录，不依个人主观意愿进行改造；内容全面，重要部分不遗漏。只有这样，才能保证会议记录的真实性和原始性，这样的会议记录才有价值。

（3）注意详略。会议记录是原始记录，但并不是说不分主次，平均用力，记流水账。记录时，对重要精神、重点发言、所有决议事项等内容不能遗漏，特别是重要会议和重要发言，应详细记录原话，不得任意取舍增删和改变原意。对那些无关紧要的内容可以略去。

六、范文欣赏

例

××市城南开发区管委会会议记录

会议时间：202×年4月16日上午9:00—11:20

会议地点：区管委会会议室302室

出席人员：李×（区管委会主任）、杨×（区管委会副主任）、周×（区管委会副主任，分管城管）、肖××（市监局副局长）、李××（市建委副主任）、张×（市监局副局长）、陈×（市建委城建科科长）、市监局有关科室人员，街道居委会负责人。

缺席人员：无

会议主持人：李×（区管委会主任）

会议记录人：邹×（区管委会办公室主任）

会议过程：

一、主持人讲话

首先对各位领导、同事的光临表示欢迎，这反映了领导对管委会工作的重视。今天我们会议的论题有两个：一是如何整顿城市市场秩序；二是如何遏制违章建筑建设，维护市容市貌。下面先请杨×副主任讲话。

二、杨×副主任报告城市现状

我区过去在开发区党委领导下，各职能部门同心协力，齐抓共管，在创建文明卫生城市方面取得了一定的成绩，相应地城市秩序有了一定进步，市场街道也比较可观。可近几个月来，市场秩序倒退了，街道小贩逐渐多了起来，水果摊、菜摊、小百货满街乱摆……一些建筑施工单位沿街违章搭棚，乱堆放材料……这些情况严重破坏了市容市貌，使大街变得又乱又脏，社会各界反应强烈。因此今天请大家来研究：如何整顿市场秩序？如何治理违章建筑、违章作业，维护市容？

三、讨论发言（按发言顺序记录）

肖××（市监局副局长）：个体商贩不按规定到指定市场经营，管理不力，处理不坚决，我们有责任。这件事我们坚决抓落实：重新宣传市场有关规定，坐商归店，摊贩收市，农民卖蔬菜副食到专门的农贸市场……市监局全面出动抓，也希望街道居委会配合，具体行动我们来思考。

罗××（市监局市管科科长）：市场是到了非整治不可的地步了，我们的方针、办法都有了，过去实行过，都是行之有效的，现在的问题是要有人抓，敢于抓，落到实处……只要大家齐心协力，问题是能够解决的。

秦××（居委会主任）：整顿市场纪律我们居委会也有责任。我们一定发动居民配合好，制止乱摆摊、乱叫卖的现象。

李××（市建委副主任）：去年上半年创建文明卫生城市时，市政府出了7号文件，其中施工单位不能乱摆战场。工场、工棚不得临时临街设置，更不准侵占人行道。沿街面施工要有安全防护措施……今年有些施工单位不顾市政府文件，在人行道上搭建工棚、堆器材。这些违章作业严重影响了街道整齐、美观，也影响了行人安全。基建取出的泥土，拖斗车装得过多，外运时沿街散落，到处有泥沙，破坏了街道整洁。希望管委会召集有关施工单位召开一次会议，重申市政府7号文件，要求他们限期改正，否则按文件规定惩处。态度要明确、坚决。

陈×（市建委城建科科长）：对犯规者一是教育，二是严肃处理，我们先宣传教育，如果施工单位仍我行我素不执行，那时按文件严肃处理。

周×（区管委会副主任，分管城管）：城市管理我们都有文件，有办法，现在是贵在执行，职能部门属主力军，着重抓，其他部门配合抓，居委会把居民特别是"执勤老人"都发动起来，按7号文件办事，我们市区就会文明整洁美观。

…………

与会人员经过充分讨论、协商，一致决定：

由市监局牵头，居委会及其他部门配合，第一周宣传，第二周行动，监督落实，做到坐商归店，摊贩归点，农贸归市，彻底改变市场紊乱状况；由管委会牵头，城建委等单位配合，对全区建筑工地进行一次彻查，然后召开一次施工单位会议，对违章建筑、违章工场限期改正。一个月内改变面貌，过时不改者坚决照章处理。

散会（11:20）

主持人：李×
记录人：邹×
20××年4月6日

【赏析】这篇会议记录结构完整，格式正确，详略得当，注重细节。会议组织情况记录详细明确，具体记录会议标题、时间、地点、出席人、缺席人、主持人、记录人等。会议内容部分记录了会议议题、与会人员的发言，以及会议形成的决定。会议记录明确写上了会议散会的时间，主持人和记录人分别签名。

七、病文诊断

××公司党支部大会会议记录

会议时间：2024年9月23日

会议地点：会议室

会议议题：讨论预备党员蒋××同志转正问题。

出席人：支部共有党员25人，其中正式党员24人，预备党员1人，应到会有表决权的党员24人，今天实到会有表决权22人。

记录人：郑××

主持人：赵××

会议主要内容：

首先由赵××发言。本次会议内容是讨论预备党员转正问题。参加会议人员对蒋××同志的缺点和进步进行分析，提出了改进之处，支部大会同意接收蒋××同志为中共预备党员。

散会。

【诊断】对照会议记录的格式和写法，此份会议记录存在以下问题：

（1）会议组织情况记录不规范，不完备。

①会议时间应标明是在当天几点至几点召开的，如2024年9月23日下午2:00—4:30。

②会议地点应写清楚是在本公司几号会议室召开，如本公司305会议室。

③应写清楚缺席人。

④主持人和记录人要标明身份，并且先写主持人，后写记录人。

（2）对会议进行情况的记录既不够忠实，也不够具体。会议的程序如下：

①统计出席人数；

②预备党员宣读转正申请；

③介绍人发表意见；

④支部大会进行讨论；

⑤正式党员进行表决；

⑥宣读支部大会决议；

⑦转正人对大会决议进行表态；

⑧散会应注明时间；

⑨主持人和记录人应签名。

【修改参考文稿】

<h3 style="text-align:center">××公司党支部讨论预备党员蒋××同志转正会议记录</h3>

会议时间：2024年9月23日下午2:00—4:30

会议地点：本公司行政楼305会议室

出席人：支部共有党员25人，其中正式党员24人，预备党员1人，应到会有表决权的党员24人，今天实到会有表决权的党员22人。

缺席人：王××、李××

主持人：赵××（公司支部书记）

记录人：郑××（公司办公室主任）

会议过程：

一、赵××（书记）讲话

今天支部会议的主题是关于预备党员蒋××同志转正一事，下面按照预备党员转正的程序逐一进行。

二、主持人宣布到会党员情况

支部共有党员25人，其中正式党员24人，预备党员1人，应到会有表决权的党员24人，今天实到会有表决权的党员22人，因事请假2人。

三、预备党员蒋××同志宣读转正申请书

四、介绍人介绍预备党员蒋××同志在预备期的表现，并提出自己对其转正的意见

刘××：蒋××同志有坚定的共产主义信仰……本人同意蒋××同志转正。

吕××：蒋××同志严格要求自己……本人同意蒋××同志转正。

五、与会党员对预备党员蒋××同志能否转正进行讨论（略）

六、正式党员进行表决（略）

七、宣读支部大会决议（略）

八、转正人对大会决议进行表态（略）

散会（4：30）

主持人：赵××（签名）

记录人：郑××（签名）

2024 年 9 月 23 日

八、参考模板

结构模板	文字模板
标题 正文首部	××公司××××××××会议记录 　　时间：××××年×月××日××：××—××：××。 　　地点：×××会议室。 　　出席人：×××（职务）、×××（职务）、×××（职务）。 　　缺席人：×××（职务）、×××（职务）。 　　列席人：×××（职务）、×××（职务）。 　　主持人：××× 　　记录人：×××

续表

结构模板	文字模板
正文主体	议题：×××××××××××× 主持人：×××××××××××，××××××××××××（开场白）。 ×××：×××××××××，×××××××××（会议进行情况） ×××：×××××××××，×××××××××（会议进行情况） ×××：×××××××××，×××××××××（会议进行情况） ×××：×××××××××，×××××××××（会议进行情况）
正文结尾 尾部	散会。 　　　　　　　　　　　　　　　　主持人：×××（签名） 　　　　　　　　　　　　　　　　记录人：×××（签名）

✦ 任务实施

根据"任务导入"完成下列任务。

1. 填写和撰写会议记录的相关要素

名称	内容要素	拟写"任务导入"中各要素内容	位置
标题			
首部			
主体			
结尾			
尾部			

2. 独立撰写"任务导入"中的工作例会记录

3. 分析、修改撰写的会议记录

任务拓展

改一改

下面的这份会议记录有几处缺漏，指出并补上。

××职业学院第四次办公会议

时间：2024年9月25日上午8时

出席人：李×（院长）、李×（副院长）、刘×（总务处处长）、张×（院长办公室主任）、谢×（院长办公室秘书）及各系各部门主要负责人。

缺席人：朱×、王×

主持人：李×

记录：谢×

一、报告

1. 刘×报告院取暖设施改造进展情况。

2. 主持人转达省人民政府《关于压缩行政经费的通知》。

二、各系及部门负责人汇报前期工作及国庆以后的工作安排。

三、院长办公室主任布置国庆假期中层干部值班事宜。

四、副院长强调假期学生安全工作。

五、决议

1. 各系、各部门组织职工认真学习《关于压缩行政经费的通知》精神，提高认识，统一思想。

2. 利用本次机会，对全院教职工进行一次节俭教育。

11时30分散会。

记录人：谢×

写一写

根据下面的情景描述，请你作为办公室主任（钟××）整理一份会议记录。

近年来，大风服装有限公司的规模迅速扩大，员工人数达200余名，业务范围也不断扩大。公司以"人才第一"的理念，打造了一支具有崇高职业道德、创新变革意识、卓越管理才能和奉献精神的团队。

2024年2月20日上午9点，大风服装有限公司召开董事会会议。会议由总经理郑××主持，有4位董事参加了会议。会议主要议题是公司在培养人才方面如何保持领先。

郑总说："创造一个令人满意的工作环境，为员工提供一个能够激发其创新精神和施展才能的工作空间，是本公司一直重视的理念。人才是公司的生命线，在本公司，每位员工都应该得到公司的悉心栽培。公司将一如既往地重视和培养人才。请诸位畅所欲言，提出新的人才策略。"

与会人员纷纷发表意见，提出了几种人才培养方式。

王××董事提出了"一助一"的工程：通过新员工与老员工结对，加速新员工熟悉公司的程序和企业文化的学习进程。

陈××董事提出了在线培训：着手以互联网为基础的技术培训，进行相关投资，使新老员工都能从中获益，即使离公司位置很远的员工，也可以利用像课堂一样的在线讨论软件，从而获得有效的在线培训。

李××董事提出发展资源中心：为员工提供关于领导才能、综合管理及个人发展等方面的2 500多张CD-ROM、录像及录音资料以及成百上千部图书和期刊。

张××董事提出了内部提拔人才路径：启动员工代表在职轮转培训项目，有潜能的员工将脱产在一些部门轮转学习相应的管理经验和技能，从而脱颖而出成为管理人才……

董事会会议开得很有成效，最后，郑总说："迈向新的一年的大风服装有限公司有能力继续突破自我，超越竞争对手，迈向一个新的里程碑，力争3年内成为我省服装产业的领头羊。"

任务三　会议纪要

 任务导入

　　大宇股份有限公司从事光学及光电相关产品设计、研发、生产及销售。为了进一步提高公司的销售业绩，公司于 2024 年 2 月 18 日下午 1 点在公司大楼会议室召开了总经理和部门经理会议。与会人员就如何提高服务质量的问题展开了热烈的讨论。下面是各部门经理的会议发言内容。

　　张经理的发言内容：

　　1. 关于公司人员的重新分配，从今天开始，李萍着重做好网络的优化，做好网页的宣传，而新入职的办公室助理则接手李萍之前负责的行政工作内容，其他人继续做好自己的岗位工作。

　　2. 严格管理业务部，业务是最重要的模块，要加大管理力度。

　　3. 严格执行考勤制度，一个月内迟到两次要相应地扣除工资，遵守打卡制度，如有特殊情况，必须提前请假，请假的员工要在次日到梁经理处补名。

　　4. 有关座位的重新编排：把业务部的人员规划在一起，使公司有一个严谨、规范的形象。

　　5. 规范一个专门对外接受咨询的 QQ，每天专门由张莉莉一人负责登录，然后分派给业务员，到月末统计网上咨询公司产品和了解信息的客户人数。这样的做法有利于决定加大还是保持公司的投入力度。

　　王经理的发言内容：

　　1. 加强生产、销售，销售是重点，需要用心做。提议员工多进车间，这样可以更好地了解产品的参数和构造。

　　2. 对商品的投放力度要加大，努力完善网站的优化。

　　3. 外贸部这一模块，需对其进行更详细的细化、整理。做业务最重要的是速度和专业。

　　翁经理的发言内容：

1. 由于下班以后办公室在没有业务员的情况下仍然有电话打进，建议将电话转接到业务员的手机，这样能够及时接到客户的电话。

2. 办公室的环境要靠大家一起维护，小到每一个人的座位，大到公司的财产保护。大家应尽力改善公司形象，让别人看到公司的规范。

3. 同事之间应该互相提出建议，一起进步和努力。

最后，钱总经理总结了今天的会议内容：每一个员工都需要用心投入，付出与收获是成正比的，公司的发展离不开每一位员工的努力。

请你根据以上会议发言撰写一篇会议纪要。

任务要求

1. 了解会议纪要的含义、种类和特点。
2. 掌握会议纪要的结构与写法。
3. 能根据会议要点拟写会议纪要。

任务准备

一、会议纪要的含义

会议纪要是综合整理会议要点，记载、传达会议情况和议定事项的公文。

二、会议纪要的种类

1. 根据会议的性质和内容划分

会议纪要可分为工作会议纪要和专题会议纪要两大类。

2. 根据会议纪要的写法划分

会议纪要可分为摘要式会议纪要和综合式会议纪要。

三、会议纪要的特点

1. 纪实性

会议纪要是根据会议的宗旨、议程、决议等整理而成的公文。会议纪要的撰写者不能变动会议议定的事项，更不能随意改动会议上达成的共识和形成的决定。另外，撰写者也不能对会议内容进行评论。总之，会议纪要必须忠实反映会议基本情况，传达会议议定事项和形成的决定，使其具有凭证作用和资料文献价值，可以作为以后确认那段历史的依据。

2. 概括性

会议纪要不要求把会议的所有内容都原原本本记录下来，要综合、概括、选择和强调。会议纪要只要求重点说明会议的主要参加者、基本议程、与会者的主要观点、达成的共识、形成的决议，不必事无巨细一律照录。

3. 指导性

会议纪要除凭证作用、资料作用外，还具有指导工作的作用。与会单位和有关部门要传达会议情况，依据会议精神开展工作。

四、会议纪要的结构与写法

会议纪要由标题、正文和落款三部分组成。

1. 标题

（1）单标题。会议名称加文种，如"××市人民政府办公会议纪要"。

（2）双行标题。即正标题加副标题。正标题概括会议内容或精神，副标题标明会议内容和名称。如"探讨新时期文学的发展——中国当代文学研究会第一次学术会讨论纪要"。

2. 正文

正文一般由会议概况、会议事项、结语三部分构成。

（1）会议概况。包括会议名称、议题，会议日期、地点、主持人、参加人、程序等。

（2）会议事项。包括会议的主要精神、讨论的问题、提出的意见、会议的决定、今后的任务等。

（3）结语。提出希望、号召，评价会议或向会议主持单位致谢，也可以根据情况不写结语。

3. 落款

署名和日期。署名只用于办公会议纪要，一般会议纪要不署名，只写成文时间。

五、会议纪要写作注意事项

（1）概括要真实。会议纪要要忠实于会议的实际内容，不能随主观意图增减或更改会议的内容，或借题发挥、添枝加叶，而必须做到真实准确地表达会议内容。

（2）重点要突出。一次会议有时要涉及很多问题，写会议纪要时要抓住会议明确和解决的主要问题，切不可面面俱到而使中心不突出。

（3）条理要清晰。就是要对会议讨论的意见分类、分层、分序，做到层次清晰。

（4）写作要及时。会议纪要的写作要快速及时，否则给人"时过境迁"之感，影响纪要效果。

六、范文欣赏

例

关于机场路污水冒溢问题协调会议纪要

20××年1月25日，××市城管局主持召开机场路污水冒溢问题协调会议，参加会议的单位有市排水管理处、市排水公司、×州区城管局、×州区排水公司、×曙区排水公司、×化区城管局。与会代表听取了机场路污水冒溢的相关情况，分别介绍了各泵站的运行情况，对此问题进行了深入分析，并就问题的解决充分研究商讨。以下是会议有关议定事项：

一、会议认为

机场路是城市主干道，交通流量大，出现污水冒溢情况，阻滞车辆通行，造成环境污染，给城市品质带来恶劣影响。尽管存在零直排区创建后污水收集量急剧上升与×西污水处理厂实际处理能力有限相矛盾的客观情况，但有关单位高度重视，在污水处理厂处理能力提升前的特殊时期，采取有效措施解决污水冒溢问题，确保污水收集处理系统运转正常。

二、会议明确

（一）市排水公司根据当前×家机场路、×家×县大道、西区、明辉、星光等五座末级泵站输送的污水量和×西污水处理厂当前实际处理能力，按照总量控制、错时运行、按时分摊的原则牵头制定常规调度方案。

（二）五座末级泵站的运行启闭严格按照调度方案执行，市排水公司负责各末级泵站执行运行数据汇总整理，×州区排水公司、×曙区排水公司做好所辖泵站的运行数据传报，市排水处负责组建微信群作为泵站调度和数据传报平台，并做好数据传报督促工作。

（三）×西污水处理厂和各泵站运行责任单位要明确责任领导和联系人员，联系人员每半月一次召开数据分析会，及时调整优化泵站常态调度方案；如遇紧急情况，召开责任领导紧急磋商会议，及时研究解决应急问题。

（四）×州排水公司要督促×西污水处理厂运营单位规范污水处理厂运行管理，在确保出水稳定达到一级 A 标准的前提下，用足处理能力，并随时注意保持厂前集水井水位在 10 米以下。市排水公司做好相关辅助指导工作。

三、会议要求

（一）各相关单位在思想上要树立大局意识，相互配合，齐心协力，始终绷紧管网泵站稳定运行的弦，坚决防止麻痹松懈，强化责任心，任何因责任履行不到位造成污水冒溢，将作为设施运行不力追究责任。

（二）各排水公司要加强巡查，密切关注所辖服务片区管道水位，一旦发现紧急情况，及时报告，采取应急调度措施，防止发生污水冒溢问题。

（三）×化片区纳入×西污水处理厂的主要泵站运行部门要定时提供泵站运行数据，实现信息互通、数据共享，特别对可能发生污水量异常的情况要提前预报告，以便总体调度。

（四）×州排水公司会同市排水公司，加快制定×西污水处理厂设备维修计划，及早修复损坏设备，拓宽渠道加快污泥处理处置，使×西污水处理厂实际处理能力达到设计能力。

四、会议强调

其他市级污水处理厂由于服务范围跨行政区域，要进一步强化各级泵站调度的联动性。市排水公司应建立牵头联动机制，各片区污水收集输送设施单位要做好辖区水量测算，以及管网摸底和管道检测工作。凡涉及影响较大的污水设施检修或应急抢修，须按规定做好事先报告，相关政府部门须将有关信息及时传达给服务片区的关联单位，共同做好检修期间的污水处理工作。

出席人：任×、应××、胡××、沈×、××、××、黄××、徐××、孙×、吴×、江×。

20××年1月26日

【赏析】正文开头先写了会议概况，交代时间、参加会议单位（具体出席人放在文章最后）、中心议题及会议议程。主体部分概括介绍了会议讨论的问题、达成的共识以及工作要求等，材料充足，内容丰富，详略得当。文章使用"会议认为""会议明确""会议要求""会议强调"等会议纪要的常用语，写法规范。

七、病文诊断

《××学会会议纪要》

时间：2024年8月25日

参加人员：常务副会长×××，副会长×××、×××、×××，办公室主任×××、副主任×××，活动中心主任×××。

一、确定了学会的办公地点。根据2024年6月5日学会办公会议决定，×××、×××同志对学会办公地点进行了考察，经过比较，认为××大学办公条件优越，适合作为学会的办公地点。会议决定，从即日起××学会迁到××大学挂牌办公。通信地址：××市××区××路××号。联系电话：136×××××××。

二、学会与××大学商定，由××大学给学会提供办公室、办公桌椅、电话和必要的办公费用。利用××大学的教学条件，双方共同组织举办秘书培训班等。

三、增补了学会副会长。为便于开展工作，建议增补××为学会副会长，负责学会的后勤保障和日常管理，先开展工作，待×月再提请常务理事会确认。

四、制订了今年的活动计划。（略）

【诊断】这份会议纪要采用了分条列项法叙述了会议的各项决议，条理清晰。但也存在一些问题，主要体现在：标题用书名号；会议概况不全，如会议主持人没有写出来；第二点"增补了学会副会长"的表述与后文"再提请常务理事会确认"不一致；结构上，文章第一、三、四点均采用段首句，而第二点就没有，有损行文的整体和谐。

【修改参考文稿】

××学会办公会议纪要

2024年8月25日下午，会长×××在学会办公室主持召开了办公会议。参加会议的人员有常务副会长×××，副会长×××、×××、×××，办公室主任×××、副主任×××，活动中心主任×××。会议议定事项如下：

一、确定了学会的办公新址。根据2024年6月5日学会办公会议决定，×××、×××同志对学会办公地点进行了考察，经过比较，认为××大学办公条件优越，适合作为学会的办公地点。会议决定，从即日起××学会迁到××大学办公。

二、讨论了××大学与学会合作事项。学会与××大学商定，由××大学给学会提供办公室、办公桌椅、电话和必要的办公费用。利用××大学的教学条件，双方共同组织举办秘书培训班等。

三、讨论了增补学会副会长事宜。为便于开展工作，建议增补××为学会副会长，负责学会的后勤保障和日常管理，先开展工作，待×月再提请常务理事会确认。

四、制订了今年的活动计划。（略）

2024年8月26日

八、参考模板

结构模板	文字模板
标题 正文 　会议概况 　会议事项 　结语 落款	格式一 <div align="center">××××会议纪要</div>　　××××年××月××日，本集团公司在×××召开了×××××会议，参加会议的有×××××部门的负责人，会议由×××主持，会议讨论了×××××××××问题，具体议定事项如下： 　　一、××××××××××××××××××。 　　二、××××××××××××××××××。 　　三、××××××××××××××××××。 　　会议号召×××××××××，希望×××××××××××。 <div align="right">××××××××× ××××年××月××日</div>

续表

结构模板	文字模板
标题 正文 　会议概况 　会议事项 落款	格式二 　　　　　　　　　　×××会议纪要 　　×××年××月××日，本集团公司在×××召开了×××××会议，参加会议的有××××部门的负责人，会议由×××主持，会议讨论了××××××××问题，会议形成以下意见： 　　一、会议指出：×××××××××××××××××。 　　二、会议认为：×××××××××××××××××。 　　三、会议要求：×××××××××××××××××。 　　　　　　　　　　　　　　　　　　　　　　　××××××× 　　　　　　　　　　　　　　　　　　　　　　　×××年××月××日

✦ 任务实施

根据"任务导入"完成下列任务。

1. 填写和撰写会议纪要的相关要素

名称	内容要素	拟写"任务导入"中各要素内容	位置
标题			
会议概况			
会议事项			
结语			
落款			

2. 根据会议要点撰写"任务导入"中的会议纪要

3. 分析、修改撰写的会议纪要

✦ 任务拓展

✦ 改一改

修改下面这份会议纪要。

中共××市委常委会会议纪要

主持人：陈××

时间：202×年×月××日

地点：市委主楼会议室

列席：周××、田××、黄××、潘××

出席：李××、张××、王××、严××

议定事项：

一、会议认真学习了省委202×年×月2日《关于进一步统一认识，坚决搞好治理整顿》的通知，对我市前段治理整顿的情况和一季度形势逐项进行了分析和深入讨论，进一步统一了思想，明确了当前和今后治理整顿的任务和工作重点。

二、听取了×××同志关于202×年庆祝振兴××立功竞赛表彰大会准备工作的汇报，原则同意"立功办"提出的大会方案及召开时间，原则同意市级劳模及文明单位的名单，责成"立功办"根据市委常委意见进行调整，并做好大会准备工作。对有些需要进一步研究的问题由"立功办"向书记办公会汇报。

会议认为，半年来我市在贯彻中央治理整顿方针的过程中，态度坚决，工作扎实，初见成效，但对成绩不能估计过高，要看到思想认识的差距和治理整顿任务的艰巨，要按照中央精神，进一步统一思想，认真抓好治理整顿的各项工作。

会议决定：

在省委传达中央工作会议精神后，召开市委工作会议，通过传达中央工作会议精神，分析我市治理整顿的形式和任务，提高认识，统一思想，动员广大党员一心一意搞好治理整顿。会议定于5月底召开，由市委办公室做好会议筹备工作。

✦ 写一写

根据下面材料，拟一则会议纪要。

××市政府第26次常务会议会议记录

时间：202×年1月29日下午

地点：××市政府第一会议室

参加人：××市政府常务委员

主持人：××市市委副书记、市长×××

记录人：×××

会议议程：

1. 市政府研究室主任×××对起草《政府工作报告》（讨论稿）做说明；

2. 市长×××讲话。

会议决定事项：

1. 要求市政府研究室根据会议意见对《政府工作报告》（讨论稿）进行修改，于1月15日前修改完毕，待市委常委会讨论通过后，正式提请市第十届人民代表大会第二次会议审议。

2. 强调《政府工作报告》要突出进一步解放思想、更新观念、真抓实干的决心；要体现实事求是、简朴、有力，文字要精简；机构改革、国有资产管理、城市管理体制等大的改革动作，要有倾向性意见，文字表达要明确；要反映"菜篮子"工程与平抑物价的措施；要专门强调地铁建设工程的重要性。

3. 希望各部门、各单位、各区以及全社会都要支持和协助地铁建设的运迁等有关工作，保证地铁工程建设顺利进行。

主持人：×××

记录人：×××

任务四 会议简报

任务导入

为了便于上级领导更多地了解大宇股份有限公司业务咨询洽谈会全貌，掌握会议进程，对会议进行指导，也便于与会人员相互交流经验、沟通情况，办公室主任决定编写会议简报。如果你是办公室人员，你将怎样编写会议简报？

任务要求

1. 了解会议简报的含义、种类和特点。
2. 掌握会议简报的结构与写法。
3. 能独立编写会议简报。

任务准备

一、会议简报的含义

会议简报是专门报道较大型和重要会议的重要内容、进展情况，反映与会人员意见和建议的一种文字形式，能起到引导会议健康发展的作用。

二、会议简报的种类

1. 报道式简报

按内容覆盖面，报道式简报可分为综合性报道和专题性报道。
按报道的时间，报道式简报可分为连续性报道和最后报道。

2. 转发式简报

转发式简报主要用于转发会议活动中领导讲话或者与会者的重要发言及书面建议。

三、会议简报的特点

1. 内容专业性强

会议简报一般由有关单位、部门主办，专业性十分明显。分别由主办单位组织专人撰写，传递该项工作的各种信息，包括情况、经验、问题和对策等。

2. 篇幅特别简短

会议简报的"简"，是它最显著的特点。一期会议简报甚至只登一篇文章、几段信息，或一期几篇文章，总共一两千字，长的也不过三五千字，读者可以用很短的时间把它读完，适应现代快节奏工作的需要。会议简报的语言必须简明精练。

3. 限于内部交流

会议简报一般在编报机关管辖范围内的各单位之间交流，不宜甚至不能公开传播，特别是涉外机关和专政机关主办的会议简报更是如此。有的会议简报，往往是专给某一级领导人看的，有一定的保密要求，不能任意扩大阅读范围。

四、会议简报的结构与写法

简报由报头、报体和报尾三部分组成。

1. 报头

由简报名称、期数、编发单位、编发日期组成。

（1）简报名称。一般要以醒目的套红大字在报头部分居中书写。

（2）期数。标在简报名称正中下方。一般是一年一编号，标"××××年第×期"。

（3）编发单位。标在期数左下方，一般应写全称。

（4）编发日期。标在期数右下方。

报头在简报首页的上方，约占首页的三分之一的位置，报头与报体之间用一条红线隔开。

2. 报体

这是简报的主要部分，由标题和正文组成。

（1）标题。

简报的标题，类似新闻的标题，要求揭示主题，简短醒目。

（2）正文。

简报正文一般由开头、主体和结尾三部分组成。

开头：一般由简洁、明确的一句话或一段话概括全文的主要情况、主要事实或基本情况，起到开门见山的作用，给读者一个总的印象，为主体的展开作必要的铺垫。

主体：主体部分是简报的主要部分，是对开头部分概括内容的进一步具体化。这部分要选择富有说服力的典型材料，加以合理安排，中心内容要突出、具体，条理要清晰，语言要简洁。一个自然段最好写一层意思，不要把各方面的内容都汇集在一个自然段里，段与段之间应按照事物的内在逻辑联系层层深入，环环紧扣，使之无懈可击。

结尾：用一句话或一段话，概括正文的主要内容，或指明事件发展的趋势，或发出号召，或提出今后打算。事情单一，篇幅短小的，可不写结尾部分。

3. 报尾

用横线与报体部分隔开，注明发送范围，然后在右端注明本期共印份数。

五、会议简报写作注意事项

（1）选材要准。会议简报不能有会必报，要在众多的会议中选取那些最有指导意义或必须引起重视的会议。

（2）编发要快。会议简报具有新闻性，应以最快的速度报道会议的新情况、新进展。

（3）篇幅要短。一篇会议简报最好是千字文，至多不超过两千字，一文一事。

六、范文欣赏

 例

××学校简报

2025 年第 2 期

××学校办公室   2025 年 2 月 9 日

××学校召开"五育并举"及人才培养工作推进会

2 月 8 日，××学校"五育并举"及人才培养工作推进会在行政楼 308 室召开。副校长张××出席会议，学校德育、智育、体育、美育、劳育研究中心负责人，相关处室负责同志参会。

会上，德育、智育、体育、美育、劳育研究中心负责人对"五育并举"及人才培养工作做了主题汇报，并分享了前期工作的成效。

张××对下一阶段统筹推进"五育并举"及人才培养改革工作提出工作要求。张××强调,一是新学期人才培养系统要进一步统一思想和行动,明确工作目标,将立德树人根本任务真真正正放在首位、不折不扣落到实处;二是"五育并举"及人才培养综合改革工作要保持战略定力,一张蓝图绘到底、一以贯之抓到底、一鼓作气干到底,要善作善成,慎终如始,将人才培养改革方案转变成学校特色人才培养的路线图、项目表和施工图;三是要在"落地、落细、落实"三个着力点上狠下功夫,要聚焦重点、协同作战、合力推进,通过改革发现并解决问题短板,按照新形势新任务打造"人无我有,人有我优,人优我特"人才培养模式改革方案,乘势而上,推动我校人才培养工作的高质量发展。

发送范围:各处室　　　　　　　　　　　　　　　　　　共印××份

【赏析】这是一份会议简报。标题采用单行标题,主旨明确。正文开头部分概述了会议的主题、时间、地点和参会人员等情况;正文主体部分首先汇报"五育并举"及人才培养工作并分享前期工作成效,其次副校长张××对下一阶段统筹推进"五育并举"及人才培养改革工作提出三方面工作要求。简报选材集中、典型、重点突出,文字简练。

七、病文诊断

××市自来水有限公司召开2024年度工作总结表彰大会

1月13日,××市自来水有限公司召开了2024年度工作总结表彰大会。会议在庄严的国歌声中拉开序幕。首先对公司2024年的工作进行了回顾;其次公司领导班子成员宣读了《××市自来水有限公司关于表彰2024年度城市供水先进部门、子公司和优秀工作者的决定》和《××市自来水有限公司党支部关于表彰2024年度优秀共产党员的决定》文件。最后,公司党支部书记、总经理××同志作重要讲话。

【诊断】这是一份会议简报的正文,作为一份简报,存在以下问题:

(1)缺少简报的报头和报尾,应补上。

(2)简报的开头没有概括会议的主要情况。会议地点等内容没有写出来,基本情况也没有写。

(3)简报的主体部分内容不够具体。会议主要讲了三件事:一是回顾2024年工作;二是表彰先进;三是部署2025年工作。因此,每一件事在写的过程中可以细化,同时每一件事独立成段。

(4)简报的结尾要概括正文的内容,提出今后打算并发出号召。

【修改参考文稿】

××市自来水有限公司简报

2024 年第××期

××市自来水有限公司办公室　　　　　　　　　　　　2024 年 12 月 28 日

××市自来水有限公司召开 2024 年度工作总结表彰大会

1 月 13 日，××市自来水有限公司在市委党校礼堂召开会议，回顾了 2024 年工作，表彰奖励了一年来在各条战线上涌现出的先进集体和个人，安排部署了 2025 年各项工作。

会议在庄严的国歌声中拉开序幕。首先公司总经理赵××通过 PPT 形式，从聚焦党建引领、重点工程项目建设、主责主业、内部管理、防疫保供、防汛保供、助力"双提升"七个方面对 2024 工作进行了全面梳理汇报，并结合公司目前实际，对 2025 年工作进行了展望。

其次，公司副总经理杨××宣读了《××市自来水有限公司关于表彰 2024 年度城市供水先进部门、子公司和优秀工作者的决定》和《××市自来水有限公司党支部关于表彰 2024 年度优秀共产党员的决定》等文件。公司领导班子成员对获得荣誉的部门和个人颁发了奖牌和证书，并对获奖集体和员工提出了希望，希望他们珍惜荣誉，戒骄戒躁，再接再厉，再创佳绩。之后优秀职工代表、业务部门代表和子公司代表分别做了表态发言。

最后，公司党支部书记张××同志作重要讲话，他指出："在这机遇与挑战并存的时代，××市自来水有限公司在市委市政府及城管局的坚强领导下，紧紧围绕中心，服务大局，以党的二十大精神为指引，在自信自强中绘就'供水蓝图'，在守正创新中再提'供水速度'，在踔厉奋发中建设'供水精品'，在勇毅前行中贡献'供水力量'，全力推动城市供水工作提升新高度，再上新台阶。"

发送范围：各子公司、各部门　　　　　　　　　　　　　　共印××份

八、参考模板（简报报体）

结构模板	文字模板
标题	强化安全管理责任意识　努力提高安全管理水平 ——×公司召开"××杯"安全知识竞赛活动和安全生产月教育培训大会
正文 　开头	×××（正文开头）。
主体	×××××××××××××××××××××××××××××××××××，××× ××××××××××××××××××××××××××××××（正文主体）。
结尾	×××××××××××××××××××××××××××××××××，××× ××××××××××××××××（正文结尾，可也无）。 （说明：正文如篇幅较长，可采用小标题、序数法等方式展开）

✦ 任务实施

根据"任务导入"完成下列任务。

1. 填写和撰写会议简报的要素

名称	内容要素	拟写"任务导入"中各要素内容	位置
报头			
报体			
报尾			

2. 独立完成"任务导入"中的会议简报编写

3. 分析、修改编写的会议简报

✦ 任务拓展

✦ 改一改

指出以下会议简报的不足并修改。

简 报

20×3年2月，公司召开了20×2年度工作总结会议。

会议伊始，由公司行政部宣读了19号文件，由总经理杨××宣布奖励名单。

在总结会上，各项目部负责人就20×2年生产管理情况逐一向公司领导做了汇报；公司各部门就20×2年工作情况向大会做了总结发言。

公司财务总监杨××对20×2年财务工作情况做了整体回顾，尤其明确细致地指出了财务工作中存在的不足，并提出了整改意见；副总经理易××就在建工程项目做了逐一梳理，重点介绍了云南××二级公路建设经营情况；常务副总兼总工程师宋××从团队建设、技术管理、项目收尾等方面做了细致的专题分析，并提出了建设性意见。

公司总经理杨××从经营管理角度对公司20×2年工作做了总结，对20×3年工作做了安排，并从"人、和、力、赢"不同层面，对公司发展与建设提出了前瞻性的建议和思考。

公司董事长郑××做了以"深化经营创新 强化管理落实"为主题的工作报告。

最后，董事长代表公司向所有参会人员、公司全体员工拜年！祝各位新年新气象！

◆ 写一写

请你根据以下会议记录拟写一份会议简讯，并编制一份会议简报。

天地集团××分公司2024年发展规划研讨会记录

会议时间：2023年12月14日上午10:00

会议地点：公司会议室（301）

出席人员：潘×（集团总经理）、刘×（集团总经理助理）、高×（公司总经理）、刘×（副经理）、欧×军（财务主管）、安×（进出口一部经理）、郭×（进出口二部经理）、张×道（办公室主任）、陈×（人力资源部经理）。

缺席人员：无

会议主持：高×（公司总经理）

会议记录：白×婷（秘书）

会议过程：

一、主持人讲话

对集团领导的光临表示欢迎，这反映集团对我公司的发展是非常关心和充满信心的。上周的总结会上我们总结了公司2023年的经营状况；今天我们重点讨论2024年公司的发展规划。2024年是公司发展"一五"规划最后一年，我们要在已有成绩的基础上再接再厉，在公司管理、业务经营等方面更上一层楼，打好关门一战。根据公司发展规划和目前情况，2024年我们的主要工作，除了常规业务经营外，重点是三方面：一是公司部门改制问题，二是新库房建设，三是美国化工商务公司合作项目。下面先请集团总经理讲话。

二、集团总经理（潘×）讲话

公司作为集团子公司，成立才四年，在大家的努力下，取得了不错的业绩。尤其是2023年，在正确的管理理念下，公司的经营情况、销售网络建设和新产品研发等方面成绩突出，经营规模和效益迈上新台阶。2024年公司应该找到发展之路的重点，争取更快发展。高经理提出的三方面主要工作，也是集团对你公司的要求。一是改制问题，这是重中之重。我们希望通过改制，借助资本运作手段，优化资源配置，培植新的利润增长点。至于怎么改，比如股权比例问题、个人入股额问题、部门改制问题以及具体步骤等，都需要我们认真探讨。二是新库房建设问题。目前是仓储、物流业发展的黄金时期。你公司目前的仓储设施潜力已经基本挖掘完了。假如不落实新库房，必将成为公司发展的瓶颈，抑制业务的发展。要加快推动这项工作。三是美国化工商务公司合作项目，这是2024年集团的重点工程。所以集团会给予你公司最大的支持，你们不要辜负集团的重托。请大家围绕这些工作讨论公司2024年发展规划。

三、讨论

1. 高×：从发展角度看，对一般性贸易流通企业而言，改制是大趋势。公司的发展离不开资金，增资扩股有利于保持公司发展后劲，增强企业实力。进一步完善企业治理结构是一个长期的渐进过程，改制条件是否成熟，我们可以进一步研究。

2. 潘×：我们希望通过改制，借助资本运作手段，优化资源配置，培植新的利润增长点。至于怎么改，比如股权比例问题、个人入股额问题、部门改制问题以及具体步骤等，都需要我们认真探讨。

3. 刘×：目前公司管理模式好不好，衡量标准只有一个，即是否有利于公司业务的发展。目前分公司整体发展比较快，但部门之间发展不平衡。想让落后的部门加快发展，通过改制推进并购重组，可以解决一定问题。

4. 安×：改制目的是推动业务发展，提高公司整体效益，我认为这是重要原则。

5. 刘×：对。也就是说，局部利益服从公司整体利益，要从公司发展要求出发。

6. 高×：我同意这个原则。要强调扁平化管理，不搞形式上的层层改制，造成管理机构臃肿。至于股权比例问题，不是固定不变的。在发展过程中可以适当调整。

7. 陈×：对。在增资扩股的适当时候，可以考虑吸收业务骨干入股，发挥核心层的作用。

8. 欧×军：从财务管理角度看，我认为改制的另外两个原则，一是必须合理解决企业所得税问题；二是部门改制自然人股比应该控制在20%以内，否则会引起很多问题，比如股权收益所得、收入分配和资本投入扩大再生产等。

9. 刘×：关于新库房建设问题，我先向大家汇报一下目前进展情况。（略）

10. 张×道：我们经过做工作，比原计划争取到了25亩用地指标，现在的规划是125亩，规模是比较大的，在萧××生态工业园，协议也即将签订。

11. 潘×：很好。既然规模大，建议设施也要一流。你们可以通过全国范围的招商购买先进的仓储设备。在基本设施建设上一步到位是最节约成本的，免得以后重复建设，造成时间和财力浪费。

12. 刘×：下一步的工作是落实投资方案，设计建造方案和招标。争取在2024年一季度开工。

13. 郭×：我是美国化工商务公司合作项目的具体负责人。我先汇报一下基本情况。（略）

14. 刘×：美国化工商务公司是世界化工行业的领导者。集团非常重视这个合作项目，希望通过合作，建立互惠互利的伙伴关系，提升我集团的市场竞争力，更进一步借助这个平台，把生意做到外国去。

15. 潘×：合作中如何控制风险，实现双赢？

16. 欧×军：双方可以约定当成交价低于我公司进价时，他们可以调低供货价格。

17. 郭×：对，可以。前提是双方必须是长远合作，我们每月从美方稳定进货。即使价格下跌，也可以在以后的业务中得到调整，总体是盈利的。

18. 安×：还可以我公司履行远期合同，在同一时间完成交易。

19. 潘×：这个项目你们要重点研究，集团将给予大力支持。

20. 刘×：为顺利开展这个重点项目，集团经研究决定成立美国化工商务公司合作项目考察组，由我任组长，高捷总经理为副组长，在座各位为成员。下一阶段考察组将进行各项工作，比如组织实地考察、召开专家论证会等。

散会（12:00）

主持人：高×

记录人：白×婷

✦ 项目概述

　　求职应聘文书是用于大中专院校毕业生、无业人员、待业人员就职，以及就职人员谋求转换职业和工作所使用的文书。在择业竞争中，决定胜败的因素很多，其中择业前充分准备有关资料是非常重要的一步，求职资料是毕业生综合实力、综合素质最具说服力的证明。

　　通过本项目的学习，学生应了解求职信、个人简历、竞聘词、自我鉴定的相关知识，能够正确地撰写求职信、个人简历、竞聘词、自我鉴定。

✦ 学习目标

能力目标

1. 能形成求职应聘文书的写作思路。
2. 能独立完成求职信、个人简历、竞聘词、自我鉴定的写作。

知识目标

1. 了解求职信、个人简历、竞聘词、自我鉴定的相关知识。
2. 掌握求职信、个人简历、竞聘词、自我鉴定的结构与写法。

素养目标

1. 正确认识自我，合理定位求职目标。
2. 敢于展示和表现自己，具备一定的竞争意识。
3. 养成爱岗敬业、诚信为先的职业态度和良好的信息素养。

任务一 求职信

任务导入

××市职业技术学校文秘专业的学生陈燕2025年7月毕业，在校期间，她学习了"秘书基础""应用写作""公共关系""礼仪基础""档案管理"等专业知识和专业技能，获得四级秘书职业资格证书。陈燕积极撰写校园新闻，向校园广播台投稿，是学校优秀通讯员，积极参加演讲比赛，曾获得××市演讲比赛二等奖。在学习的同时，陈燕积极参加社会实践活动，高二年级到企业实践，获得企业好评。陈燕想毕业后到舜天集团公司做文员，她向该企业写了一封求职信。

任务要求

1. 了解求职信的含义、种类和特点。
2. 掌握求职信的结构与写法。
3. 能根据材料独立撰写求职信。

任务准备

一、求职信的含义

求职信是求职者向用人单位或单位领导人自我推荐、表达求职愿望、陈述求职理由的一种书信。

二、求职信的种类

求职信可分为自荐书和应聘书两种。

自荐书，即求职者以书信的方式自我举荐、表达求职愿望、陈述求职理由、提出求职要求的一种信函。求职者可以向用人单位展示自己的工作能力、知识水平和人格魅力，从而建立起与用人单位之间的联系，为成功择业打下良好的基础。

应聘书，是求职者在已经获知某单位用人的前提条件下写的具有高度针对性的求职信。其称呼一般是针对特定单位的人，内容主要是针对用人单位提出的条件，表述才智特长，具有较强的目的性。

三、求职信的特点

1. 针对性

要针对用人单位的实际情况、读信人的心理和个人的求职目标写作。

2. 自荐性

要恰当地推销自己。重点介绍自己的特长和优势，要投其所好地展示自己可能给用人单位提供的资源，使读信人为之怦然心动。

3. 竞争性

当今社会，求职就是竞争，求职者必须让读信人认为自己的才干和能力是出类拔萃的，也必须在求职信中充分展示超过别人的竞争优势，否则就很难引起用人单位的重视。

四、求职信的结构与写法

求职信由标题、称谓、正文、祝语、落款、附件等六部分组成。

1. 标题

求职信的标题通常只有文种名称，即在第一行中间写上"求职信"三个字。

2. 称谓

称谓是对受信人的称呼，写在第一行，要顶格写受信者单位名称或个人姓名。单位名称后可加"负责同志"；个人姓名后可加"先生""女士"等。在称谓后写冒号。

求职信不同于一般私人书信，受信人未曾见过面，所以称谓要恰当，郑重其事。

3. 正文

正文要另起一行，空两格开始写求职信的内容。正文内容较多，要分段写。

（1）求职缘由：写求职信息的来源及应聘岗位，写明你想申请的职位，以及你是如何知道该公司的招聘信息的。

（2）个人的基本情况：简要介绍求职者的基本信息，如姓名、年龄、性别等。

（3）个人的专业、专长：学过的与岗位相关的主要专业课程，与岗位相关的外语、写作、计算机等基础能力，与岗位相关的各类证书。

（4）有关实践经历：学校工作实践和社会工作实践。

（5）获奖与荣誉：学校活动或比赛中的获奖，参与社会活动的获奖。

（6）其他情况：个性特点、兴趣爱好等。

4. 祝语

另起一行，空两格，写表示敬祝的话。如："此致""敬礼"或祝"工作顺利""事业发达"等词语。

5. 落款

落款包括署名和日期，写信人的姓名和成文日期写在信的右下方。姓名写在上面，成文日期写在姓名下面。姓名前面不必加任何谦称的限定语，以免有阿谀之感，或让对方轻看你的能力。成文日期要年月日俱全。

6. 附件

附件包括联系地址、联系电话、所有证件、证明材料的复印件等。

五、求职信写作注意事项

1. 重点要突出

求职信是写给用人单位看的，要针对用人单位的需求来写，所以求职信要突出能引起对方兴趣，有助于获得工作的内容。

2. 措辞有分寸

求职信要写出自我优势，写出人无我有、人有我优的"闪光点"，赢得用人单位的录用。因此撰写时应语气得体，做到不卑不亢，自信不自负，谦逊不谦卑。

3. 内容要简短

招聘者看求职信会把重点放在求职者是否具备入职的基本条件上，没有耐心看求职者洋洋洒洒的长篇大论，因此求职者在推销自己时，用简洁的语言、清晰的条理真实地反映自己的"闪光点"，切忌长篇大论，篇幅控制在 600 字以内（附件除外）。

4. 留联系方式

求职信一定要写清联系方式，包括邮编、通信地址和电话等。

5. 字迹要工整

洁净秀丽的字体本身就是一封最好的介绍信，容易给人留下良好的第一印象。

六、范文欣赏

例

求职信

尊敬的××旅行社经理：

您好！

感谢您在百忙之中阅读我的求职信。我是××市职教中心学校导游专业的应届毕业生，名叫王姗，在《××日报》看到贵社招聘导游，与我所学专业对口，而且我对贵公司仰慕已久，故特来应聘。

在校期间，我系统学习了导游基础、导游实务、旅游历史文化、旅游美学、旅游地理等专业理论知识，还学习了旅游英语、旅游应用写作、普通话、计算机等基础能力课程，参加××市导游专业技能比赛获得一等奖，由此获得了导游高级证书，这些知识和技能使我具备了一名导游人员应具备的素质；此外，我还专门进行过口才艺术和创新学方面的训练，这将有利于我与游客建立融洽的业务关系，并进行创造性的工作。

我重视社会实践，曾先后利用假期在宾馆、旅行社兼职打工，并在××旅行社实习半年，这些活动锻炼了我的适应能力和与人交流相处的能力，使我善于团队协作。

我是校园广播站的主持人，曾在××省中职学生演讲比赛中荣获二等奖，在学校举行的导游词创作比赛中获得一等奖，我相信自己有能力胜任导游工作。

恳请经理给我一个机会，让我成为你们中的一员，我将以自己的热情和勤奋回报您的知遇之恩，并非常乐意与未来的同事合作，为我们共同事业奉献全部的真诚与才智。

祝贵公司业绩频升，祝您事业蒸蒸日上！

自荐人：王姗
2024 年×月×日

附件：全国导游高级证书、×市导游专业技能竞赛一等奖等复印件

联系方式：××市职教中心学校 2024 届导游班　邮编：315400

电话：1378×××××××　　　　邮箱：5494××××@qq.com

【赏析】 这篇求职信的优点主要体现在以下几个方面：

1. 结构完整。称谓、问候语、正文、祝语、落款、附件等项目齐全。

2. 正文条理清晰。首先写了求职信息的来源及自己应聘的岗位；其次阐述了本人专业知识、专业能力、实践经历等，来说明自己有能力胜任此岗位；最后写了希望自己被旅行社录用并表达了自己将来怎样做的态度。

七、病文诊断

求职申请

××律师事务所：

您好！

偶是××××大学的一名学生，即将毕业。近来得知你所招聘律师助理，我觉得自己还行，于是特来应聘，希望到你所工作。

××××大学是我国本科人才的重点培养基地，具有悠久的历史和优良的传统，并且素以治学严谨、育人有方而著称；××××大学法学院则是全国法学科研基地之一。在这样的学习环境下，无论是在知识能力，还是在个人素质修养方面，我都受益匪浅。

四年来，在师友的严格教益及个人的努力下，偶具备了扎实的专业基础知识，系统地掌握了多门法学的研究等有关理论；熟悉涉外工作礼仪；具备较好的英语听、说、读、写、译等能力；能熟练操作计算机办公软件。同时，偶利用课余时间广泛地涉猎了大量书籍，不但充实了自己，也培养了自己多方面的技能。偶还担任班干部，工作认真负责，积极主动，组织过多次大型活动，并获得老师与同学的好评。

此外，偶还积极地参加各种社会活动，抓住每一个机会，锻炼自己。如大三期间，偶曾到一律师事务所实习，学到了不少实际知识，实习成绩获得了优秀。偶热爱贵所从事的事业，殷切地期望能够在你的领导下，为这一光荣的事业添砖加瓦，并且在实践中不断学习、进步。

收笔之际，郑重地提一个小小的要求：无论你是否选择我，尊敬的领导，希望你能接受偶诚恳的谢意！

现附上个人简历一份，给你看看。希望你录用我。

2024 年 3 月 1 日

求职人：××

【诊断】这份求职信存在以下问题：

（1）标题不对。

（2）称呼不确切，在称谓中应明确地指出用人单位的全称及其领导或人事部门负责人，以表示尊重。

（3）正文材料面面俱到，缺乏针对性。求职者可以从思想、学习、实践能力等方面系统地、条理地进行阐述。

（4）学校介绍多余，可以删除。

（5）没有祝语，应增加。

（6）语言像流水账，缺少逻辑性，不礼貌。如"现附上个人简历一份，给你看看""你所"等语言显得居高临下。

（7）用网络语言不恰当。如"偶"，应改为"我"或"本人"。

（8）语言表达过于口语化。如"我觉得自己还行"。

（9）落款次序颠倒了，应该先署名后写时间。

（10）附件应该放在落款的后面，附件下可以增加联系方式。

【修改参考文稿】

求职信

尊敬的××律师事务所×所长：

　　您好！

　　我是××××大学法学专业2024届毕业生。欣闻贵单位招聘律师助理，特慕名应聘。

　　做一名正直、尽责的律师，是我自小立下的志愿，故在四年的法学专业学习期间，我处处严格要求自己，为实现理想而不懈努力。思想上，我积极上进，追求进步，并于2024年光荣加入中国共产党；学习上，我努力刻苦，成绩优异，专业基础知识扎实，2022—2024年连续三年荣获"××××大学三好学生"称号，顺利通过了大学英语四级与计算机二级考试；工作上，我认真负责，先后任班长、"法学研究会"副会长等，曾成功组织"××××大学法学论坛"等多项大型活动，并于2024年荣获"××××大学优秀学生干部"称号。

　　为进一步锻炼提高专业实践能力，2023年暑假期间，我在××市××律师事务所实习，主要负责文案写作、档案管理、来访接待工作。实习期间，我虚心学习，努力工作，得到了实习单位领导与同事的一致肯定，并荣获了"××××大学法学专业2023年优秀实习生"称号。通过实习，我进一步增强了自身专业实践能力，加深了对律师这一职业的认识，更坚定了我做一名律师的决心。

　　贵所以"严谨、尽责、服务"的优良宗旨在××律师界闻名遐迩。我喜欢贵所团结协作的工作氛围并渴望加入，开创我们共同的事业。如果贵所能够接受我，我一定会努力工作，不辜负您的赏识和厚爱。贵所任何形式的回复我都视为关怀与鼓励，不胜感激。恭候您的佳音。

　　此致

敬礼

求职人：××（亲笔签名）

2024年3月1日

附件：大学三好学生证书、××××大学优秀学生干部证书、2023年优秀实习生证书
　　　等复印件

联系地址：××市××路××××号　　邮编：××××××

联系电话：130×××××××××

八、参考模板

结构模板	文字模板
标题	求职信
称谓	尊敬的××公司总经理：
正文 　求职缘由 　基本情况 　学历、专长、 　业绩、志向、 　兴趣、性格、 　获奖等 　求职职位 　求职意愿	我怀着对贵公司的无比信任与仰慕，邮上求职信，企盼能成为贵公司的一员，××××××××××，为贵公司服务。 　　我是×××××××学校××××专业学生，将于今年7月毕业。 　　在校期间，我努力学习各门课程，并取得了良好的成绩（见附件）。我还学了××××××××××等，曾获得×××××××××××等奖项，有比较强的××××技能。 　　我非常注重社会实践，曾在××××做过业务员，××××××××××××××。 　　本人期待能成为公司一员，从事××××××××。如果贵公司能给我机会，我会××××××××。 　　期望您能给我一次面试的机会，××××××××××××××××。
祝语	此致 敬礼
落款	求职人：××× 　　　　　　　　　　　　　　　　　×××年××月××日
附件 通信地址	附件：×××××××× 　　联系地址：××市××路××号，邮编：××××××，电话：×××××××××××

任务实施

根据"任务导入"完成以下任务。

1. 填写和撰写求职信的相关要素

名称	内容要素	拟写"任务导入"中各要素内容	位置
标题			
称谓			
正文			
祝语			
落款			
附件			

2. 独立完成"任务导入"中的求职信写作

3. 分析、修改撰写的求职信

 任务拓展

改一改

分析下面这篇求职信存在的毛病并加以修改。

<h2 style="text-align:center">求职信</h2>

尊敬的××公司先生/小姐：

您好！我是一名××职业技术学校计算机专业的应届毕业生。虽然我来自职高，是一所平凡的学校，平凡的我，平凡的心，却想找到不平凡的工作岗位，做出不平凡的成绩。我自信符合贵公司的要求，在此请允许我向您进行自我介绍。

我的专业是计算机开发及应用，我不仅系统地掌握了网络维护方面的技术，同时又使我对当今网络的发展有了深刻的认识。在校期间，我勤奋学习，天道酬勤，我也收到了很多回报，我的学习成绩在班上还算好。经过职高三年的学习，我具备了网络维护扎实的专业基础知识，特别是在实际操作动手方面。

本人语言能力不错，精通普通话，熟悉××本地方言，英语能应付。对交际方面比较有心得，不惧怕失败，勇于尝试，使我成为一个做事认真负责，能吃苦耐劳的人。我性格活泼内向，工作认真负责，积极主动，有较强的耐心与责任感，善于沟通，诚恳待人，有较好的组织能力和公关能力，有较强的语言表达能力，具有较好的团队精神，并从中学到了与人交往的能力和管理能力。

虽然我是应届毕业生，没有什么工作经验，但希望贵公司能给我机会（不录用我是贵公司的损失）。

此致

敬礼

您真诚的朋友：×××

202×年×月×日

写一写

根据下面的材料以王芳的身份向天宇公司人事部写一封求职信。

求职者王芳，女，30岁，现在山东省××市宏图实业有限公司供职，为求得事业的更大发展，想到北京天宇公司谋求营销部经理一职，她希望天宇公司安排她面试。

王芳毕业于山东大学市场营销专业，获学士学位，毕业后一直在宏图实业有限公司从事营销工作，曾成功地进行了几次营销策划，为宏图实业有限公司的经营活动打开了局面，本人有信心担任天宇公司营销部经理一职。

王芳是从9月6日的《人才市场报》上看到天宇公司招聘营销经理的广告而去应聘的。王芳的联系地址：山东省××市青岛路宏图实业有限公司，电话是：0531-7654×××、189×××0081。王芳还附了个人简历、学历、学位证书和营销策划书复印件各一份。写求职信的时间是2024年9月8日。

任务二　个人简历

✦ 任务导入

　　一家著名的广告公司到××职业学校进行校园宣讲会。会后，学生们投递的简历堆积如山。杨宏一直渴望能进这家公司，但看着一摞摞的简历，她对自己实在没有信心。她思考：怎样才能在简历中突出一个广告人应有的素质——有创意？突然，她看见了校园里卖贺卡的小商店，不由灵机一动：何不利用贺卡写简历？杨宏马上买了一张精美的音乐卡片，在首页用漂亮的钢笔字写下了对招聘人员的问候，翻过来，伴随着动听的音乐，呈现的是杨宏贴得工工整整的简历。当杨宏把这份"祝福简历"送到招聘人员手里时，看见他脸上流露出明显的惊讶和欣喜。就这样，杨宏进入了第一轮面试。请你为杨宏写一份简历。

✦ 任务要求

　　1. 了解个人简历的含义、种类和特点。
　　2. 掌握个人简历的结构与写法。
　　3. 能撰写个人简历。

✦ 任务准备

一、个人简历的含义

　　个人简历是求职者给招聘单位发的一份简要介绍。包含自己的基本信息：姓名、性别、年龄、民族、籍贯、政治面貌、学历、联系方式，以及自我评价、工作经历、学习经历、荣誉与成就、求职愿望、对这份工作的简要理解等。

二、个人简历的种类

一般常用的简历格式有两种：一种是按年月顺序，列出自己的学习、工作经历；另一种是根据需要有选择地列出自己的学习、工作经历，充分表现自己的技能、品德。对于刚毕业的求职者来说，采取第一种格式更好。

三、个人简历的特点

1. 真实

求职者在写作简历时，必须根据自己的实际经历，实事求是地展现自己的学历、工作经验、技能等相关信息。

2. 简洁

简历文字要简洁，篇幅尽量短小，一般控制在一页 A4 纸的篇幅。

3. 灵活

简历是一种特殊的文体，属于资料组合型应用文。其外在形式和内容组合有大致的模式，也有一定的灵活性。

四、个人简历的结构与写法

个人简历由标题和正文构成。

1. 标题

标题通常用"个人简历""求职简历"等，也可采用"×××（姓名）简历"的写法，一般写在首行，居中，字体稍微大一些。

2. 正文

简历的正文写作形式有文字式、表格式、文字表格综合式。无论何种形式的简历，都应包括以下内容：

（1）基本情况：包括姓名、出生年月、性别、籍贯、民族、学历、学位、政治面貌、毕业学校、专业、职务职称等。

（2）学习经历：可按时间顺序来写求职者的学习过程，主要是列出某一阶段的主修、辅修与选修的科目及成绩，尤其要体现与谋求的职位有关的教育科目、专业知识。

（3）工作经历：若有工作经验最好详细列明，详述曾工作的单位、时间、职位、工作性质。应届毕业生可以写实习、假期社会实践或兼职工作经历。

（4）个人能力：写明求职人具有的各种能力及获奖情况。

（5）求职意向：求职目标或个人期望的工作职位。

（6）联系方式：通信地址、手机号、E-mail 地址等一定要写清楚。

（7）证明材料：包括学历证明、获奖证书、专业技术职务证书、专家的推荐信、所发表的论文著作等。

五、个人简历写作注意事项

（1）针对职业。紧扣职业岗位来写。

（2）突出优势。精选内容，详略得当，突出自己的优势。

（3）客观真实。求职简历务必实事求是，不能有虚假的内容。

（4）表述简洁。语言精练，采用简洁的无主句表达。

六、范文欣赏

 例一

个人简历

［基本情况］

姓名：×××　性别：女　出生年月：2003.02.21　民族：汉族　政治面貌：中共党员　籍贯：××　毕业学校：××职业技术学校　专业：汽车运用与维修

联系号码：13003770×××　联系地址：××市××区××小区×号楼×××

E-mail：×××@163.com

［求职意向］汽车销售

［学习经历］

2021 年 9 月—2024 年 6 月　　在××职业技术学校学习　任班团支书

［主修课程］

机械制图、工程力学、机械设计基础、互换性与技术测量、汽车构造、汽车理论、汽车维修工程、汽车发动机电控系统结构原理与故障诊断、汽车自动变速器等。

［荣誉奖励］

2023 年 11 月　获得校心理健康优秀辅导个案评比三等奖

2022 学年　获得校级专业技能奖学金

2021 学年　获得校级三等奖学金

［社会实践］

2023 年 7—8 月　在××市宝马 4S 店做汽车销售服务

2022 年 7—8 月　在××市广本 4S 店做汽车销售服务

[自我评价]

善于处理人际关系；勤奋好学，积极上进，有较强的社会适应能力；工作踏实，认真细致，具有较强的事业心和工作责任心，具有极佳的团队合作精神，以及自学等多方面的能力。

【赏析】这是一份文字式简历。以分条列项的方式，依次写清楚求职者的关键信息，让招聘方能够快捷而清晰地知道该求职者的情况。

 例二

个人简历

姓名	陈××	性别	男
出生年月	1989.11	籍贯	浙江××
学历	大专	专业	机械
政治面貌	中共党员	电话	1300××××××
应聘职务	紧固件销售代表	家庭住址	××市××区××小区×号楼×××
教育历程	2008 年 9 月—2011 年 7 月　在××职业技术学院就学 2005 年 9 月—2008 年 7 月　在××市××区××职业学校就学 2002 年 9 月—2005 年 7 月　在××市××区××中学就学 1996 年 9 月—2002 年 7 月　在××市××区××小学就学		
工作经历	2015 年 4 月—至今　在××市天宇机械公司工作 2011 年 8 月—2015 年 3 月　在××市××机械公司工作		
获奖证书	电焊等级证书　钳工等级证书　电焊气割特殊工种操作证书　电大毕业证书		
优势	在工程机械方面工作多年，对紧固件非常了解，同事关系融洽		

【赏析】这是一份表格式简历。文章以表格的形式设定项目，逐一填写，简洁明了。

七、病文诊断

个人简历

姓名：张××

联系地址：××市××路××号

求职意向：营销部、管理部、广告部

资格能力：××××年×月毕业于××学院文秘系，本科学历。所学主要课程有大学语文、公文写作与处理、现代汉语基础、秘书学概论、公共关系学、法学概论、管理心理学、办公自动化原理及应用、秘书实务、外国秘书工作概况、企业管理概论、普通逻辑等。在校期间学习成绩优异。

社会活动：求学期间曾担任××社团社长，积极参加社会实践活动。

其他情况：本人××××年×月出生，未婚，喜欢旅游、摄影，爱好打羽毛球。

【诊断】这份简历正文存在以下问题：

（1）基本情况介绍不全面。求职者的性别、籍贯、政治面貌等方面要写上，出生年月应写在开头基本情况中。

（2）求职意向不明确。求职意向太多，一般针对自己的特长申请一个岗位，同时求职的意向应结合自己所学的专业。

（3）正文中缺技能及特长、工作经历、自我评价等方面内容。

（4）正文中与工作无关的私事应删除。如婚姻状况等应删除。

【修改参考文稿】

个人简历

[基本情况]

姓名：张××　性别：男　出生年月：2002.08.21　民族：汉族　政治面貌：中共党员
籍贯：××　毕业学校：××市职业技术学院　专业：公共关系管理
联系号码：13613770×××　联系地址：××市××路××号
E-mail：5492××@qq.com

[求职意向]　管理部

[学习经历]

2021年9月—2024年6月　在××职业技术学院就读　曾任班长、文学社团团长

[主修课程]

大学语文、公文写作与处理、现代汉语基础、秘书学概论、公共关系学、法学概论、管理心理学、办公自动化原理及应用、秘书实务、外国秘书工作概况、企业管理概论、普通逻辑等。

[荣誉奖励]

2023学年　获得校级奖学金一等奖

2022学年　获得校级奖学金一等奖

2022年12月　获得校演讲比赛二等奖

2021学年　获得校级二等奖奖学金

[社会实践]

2023年7—8月　在××市档案馆办公室实习

2022年7—8月　在××市××企业办公室实习

[自我评价]

　　本人勤奋好学，积极上进，有较强的社会适应能力；工作踏实，认真细致，具有较强的事业心和工作责任心；兴趣广泛，乐于助人，是一名品学兼优的毕业生。

八、参考模板

 模板一

个人简历

[基本情况]

姓名：　　性别：　　　出生年月：　　　民族：　　政治面貌：

籍贯：　　毕业学校：　　　　　专业：

手机号：　　　　　　　　　联系地址：

E-mail：×××@163.com

[求职意向]

[学习经历]

[主修课程]

[社会实践]

[荣誉奖励]

[自我评价]

模板二

个人简历

姓名		性别			照片
出生年月		籍贯			
毕业学校		专业			
学历		政治面貌			
电话		家庭住址			
E-mail		求职意向			
课程成绩	文化课	语文	数学	英语			
	专业课						
学习经历					
社会实践					
工作经历					
获奖证书					
自我评价					

任务实施

根据"任务导入"完成以下任务。

1. 填写和撰写个人简历的相关要素

名称	内容要素	拟写"任务导入"中各要素内容	位置
标题			
个人简历撰写的七个方面的内容			

2. 独立完成"任务导入"中的个人简历写作

3. 分析、修改撰写的个人简历

任务拓展

改一改

修改下面的个人求职简历。

个人求职简历

姓名：×××　　　性别：男　　　年龄：21　　　籍贯：北京

学历：本科（应届毕业）　　　　　专业：电子信息工程

通信方式：电话：0108813××××　　　1590110××××

E-mail：×××××××@sina.com

地址：北京市海淀区西八里庄×××　8-1-×××　100036

毕业院校：2011.9—2014.7　××师范大学附中

　　　　　2014.9—2018.6　××大学电子与信息工程系

实践经历：2016.7—2016.8　北京×××通信技术有限公司　手机测试

　　　　　2017.8—2017.9　中国电子科技集团公司第××研究所

　　　　波谱华光科技有限公司　红外热像仪液晶屏驱动电路的学习设计

所学专业课程：C语言程序设计　数据结构　数字电路与逻辑设计　电子线路设计与测试　微机原理　通信电子线路　电磁场与电磁波　自动控制理论　数字信号处理操作系统　通信原理　微波技术基础　计算机网络　信息论与编码　数据库　软件无线电技术基础　嵌入式系统设计　电子器件与IC设计　多媒体技术应用等

基本情况：本人学习成绩优良。熟悉C、JAVA语言编程。对VERILOG语言比较熟悉，能熟练使用QUARTUS2D等环境进行基于可编程逻辑器件的开发。了解UML，MSC，SDL等前期开发标准，进行需求分析和概要设计。了解数据库的基本管理。

本人踏实稳重，有上进心。

英语四级。

写一写

根据模板和自己的实际情况，完成自己的个人简历，并保存。

任务三　竞聘词

任务导入

新学年开始，学生会的学生干部要进行竞聘，你要竞聘学生会主席一职，请你根据自身情况撰写一篇竞聘词。

任务要求

1. 了解竞聘词的含义、特点。
2. 掌握竞聘词的结构与写法。
3. 能独立撰写竞聘词。

任务准备

一、竞聘词的含义

竞聘词是竞聘者为竞聘某一岗位或职务，在特定的场合、面对特定的听众所发表的用以阐述自身优势、任职设想和打算的讲话稿。

二、竞聘词的特点

1. 目标的明确性

目标的明确性是指竞聘者一上台就要鲜明地亮出自己所要竞聘的目标（或厂长，或校长，或秘书长，或经理）；同时，其所选用的一切材料和运用的一切手法也都是为了一个目标——使听众能投自己一票。

2. 内容的竞争性

竞职演讲的全过程都是听众在候选人之间进行比较、筛选的过程，竞聘者如果"谦虚"，"不好意思"说自己的长处，就不能战胜对手。因此演讲者必须尽自己最大的可能来显出自己胜他人一筹的优势来，有时，甚至还要把本来是"劣势"的东西换一个角度讲成"优势"。

3. 思路的程序性

思路，就是演讲者的思维脉络；程序是指演讲中的先后顺序。正文一般分为五步（后文写法部分细讲）。

4. 措施的条理性

演讲者在讲措施时一定要注意条理清晰，主次分明。为了把措施讲得有条理，可用列条的方法，如"第一点""第二点"等表示；或用"过渡语"来承上启下，以使演讲上下贯通，浑然一体。

三、竞聘词的结构与写法

竞聘词的结构由标题、称呼、问候语、正文、结束语、落款组成。

1. 标题

通常有三种写法。（1）文种标题，如"竞聘词"。（2）公文表示法，如"关于竞聘××公司经理的演讲"。（3）文章标题法，可用单行标题，也可以采用正副标题拟制。如"明明白白做人　实实在在做事——竞聘学校办公室主任的演讲词"。

2. 称呼

称呼一般为"尊敬的各位领导""各位评委"等，可视现场情况稍有变化。

3. 问候语

问候语一般为"大家好""早上好"之类。

4. 正文

第一步，开门见山讲自己所竞聘的职务和竞聘的缘由。

第二步，简洁地介绍自己的情况：年龄、政治面貌、学历、现任职务等。

第三步，摆出自己优于他人的竞聘条件，如政治素质、业务水平、工作能力等。

第四步，提出假设自己任职后的施政措施（这一步是重点，应该讲得具体翔实，切实可行）。

第五步，用最简洁的话语表明自己的决心和请求。

5. 结束语

对大家表示感谢，如"谢谢大家"。

6. 落款

竞选人姓名和竞选时间。

四、竞聘词写作要求

1. 气势要先声夺人

竞聘演讲的一个重要特征就是具有竞争性，而竞争的实质，是争取听众的响应和支持。而做到这一点的有效方法之一，就是要有气势，"气盛言宜"。

2. 态度要真诚老实

竞聘演讲其实就是"毛遂自荐"。自荐，当然应该将自己优良的方面展示出来，让他人了解自己。但要注意的是，在展示时，态度要真诚，有一分能耐说一分能耐，不能为了自荐成功而说大话，更不能说谎话。

3. 语言要简练有力

竞聘演讲虽是宣传自己的好时机，但也绝不可"长篇累牍"。应该用简练有力的语言把自己的思想表达出来。

4. 内心要充满自信

著名演说家戴尔·卡耐基曾说过："不要怕推销自己。只要你认为自己有才华，你就应该认为自己有资格担任这个或那个职务。"当你充满自信时，你站在演讲台上，面对众人，就会从容不迫，就会以最好的心态来展示你自己。

五、范文欣赏

例

区文联秘书长竞聘演讲词

尊敬的各位领导：

大家好！

随着干部人事制度改革的深入推进，我区干部正沐浴着党的二十大的春风，呼吸着青春的气息，迎来了崭新的机遇和挑战。今天，我怀着激动的心情走上这个竞争演讲台，心中充满感动，一是感谢区委、区政府为我们创造了良好的展示平台，二是庆幸自己赶上了挑战自我、展示自我的大好时机。

各位领导，我叫××，今年30岁，本科学历，中共党员，毕业后当过教师，现任区教体局教育工会副主席兼办公室副主任。今天我竞选的职位是区文联秘书长。我竞选的优势有三方面：

一是积累了丰富的办公室工作经验。在教育局办公室工作8年来，我任劳任怨、兢兢业业，总是把工作放在第一位。办公室的8年锻炼，让我从年轻幼稚逐步走向了成熟稳重，让我增强了承上启下、协调左右的能力，让我提高了服务领导、服务群众的水平。文联是党领导的文艺界人民团体，是党和政府联系广大文艺工作者的桥梁和纽带。8年的办公室工作经验，让我相信自己能胜任文联秘书长这个职位。

二是培养了严谨细致的工作作风。特别是作为一名女同志，我在工作中力求细致，遇事先用脑，抓好每个环节，处理好每件事情，让领导放心，让同志们满意。2016年5月起，我与政府办的同志一起完成了多次省政府教育教学督导组的接待工作，我认真细致的工作作风和无微不至的服务保障，得到了领导和同事的一致好评。

三是具备了比较全面的综合素质。在工作中，我充分发挥自己当过老师的优势，进一步提高口头表达能力。同时，注重学习，坚持多学、多写、多练，不断提高文字表达水平，做到开口能说、提笔能写。在教体局工作期间，负责撰写了一批工作信息，制定和修改了一批文件制度，牵头起草了一批总结材料，具备了较好的文字功底，多次得到领导的充分肯定。2018年9月，被区政府授予"先进教育工作者"称号。

各位领导，我知道秘书长是一个承上启下的重要职位。假如我能竞聘成功，我将按照"摆正位置，当好助手，主动参谋，抓好执行"的思路，认真履行职责，为扎实推进我区文化建设工作作出自己的努力。

一是强化学习，提升素质。认真学习贯彻党的二十大精神，通过向领导学、向同事学、向书本学，全面提高文化素养，全面提高综合素质，全面提高履职能力，努力做建设社会主义文化强国的忠实拥护者、主动参与者、积极实践者。

二是爱岗敬业，无私奉献。作为21世纪的女性，时代赋予了我们光荣而神圣的职责，我将会从家庭中"解放"自己，全身心地投身到文化建设这项伟大的事业中去，协助领导把文联建设成为全区广大文艺工作者的"温馨之家"。

三是严于律己，宽以待人。按照"干部清正、政府清廉、政治清明"的要求，带头遵守廉政准则，坚持依规依法办事，时刻做到自重、自警、自省、自律，决不利用职权谋取个人私利，树立和保持文联干部良好的形象。

各位领导，竞争上岗，有上有下。如果这次竞聘成功，我将快速转变角色，更加努力地工作，争取不辱使命；即使竞聘不上，不管在哪个岗位，我都将一如既往，勤奋学习，兢兢业业做好本职工作。

演讲完毕，谢谢大家！

竞选人：×××
20××年8月25日

【赏析】本文是一篇竞聘区文联秘书长的竞聘词。文章条理清晰，重点突出，语言简洁，内心充满自信。正文首先简单介绍自己，亮出自己所竞聘的职务；其次写了竞聘这个岗位的三方面的优势；再次写了表明竞聘成功后的打算；最后表达了自己的愿望及态度。

六、病文诊断

各位老师、各位同学：

大家好！

参加竞选之前，我一直在想：我应不应该参加这次竞选？我靠什么来参加这次竞选？思索再三，我想，我愿意把这次竞选当成争取尽自己一份责任的机遇，更愿意把这个竞选过程当作我向各位同学学习，接受各位评判的一个难得的机会，因为我是鼓着十二分的勇气，参加竞选来的。

我知道，成为一名合格的院学生会主席很不容易。我之所以鼓起勇气参加院学生会主席的竞选。首先源于我对同学们的热爱和对学生工作的执着。

我相信，一个人，只要他执着地热爱自己的事业，他就一定能把他的事业做好。当然，我也有过一些学生工作的经历，我曾经在高中时当过班长，对组织管理工作并不陌生。有人说，经历是一笔财富，而我更愿意把自己的经历当作一种资源，一种在我今后工作中可以利用、可以共享、可以整合的资源。

当然，我更清楚，成绩也好，经验也罢，它只能说明过去，并不能证明未来。

假如我能竞选成功，我将做好自己应该做的工作。

说到这里，我想起了阿基米德的一句名言："给我一个支点，我可以撬起整个地球。"但在这里，我不敢高喊这类豪言壮语，我只想表达一个愿望，请投我一票，我会尽自己有限的能力给大家回报！

谢谢大家！

×××
2024 年×月×日

【诊断】这是一份竞选院学生会主席的演讲词，存在的问题如下：

（1）缺标题。如"竞选院学生会主席演讲词"。

（2）没有开门见山地说明竞选哪一个职位。

（3）竞选信心不足，缺乏竞选志在必胜的信心和勇气。如从第一自然段中"我应不应该参加这次竞选?""我是鼓着十二分的勇气，参加竞选来的"等语句中反映出来。因此这些句子可以删去。

（4）竞选院学生会主席的优势不突出。竞选院学生会主席的优势只写"我曾经在高中时当过班长，对组织管理工作并不陌生"，太单薄，应丰富、具体一些，还可以写自己具有较强的组织策划、沟通能力。

（5）缺少对竞选岗位的认识。如"学生会是学院全体学生的群众性组织，是学院和广大同学的桥梁，它关系着同学的日常学习和生活，所以学生会的工作更加艰巨和重要，必须理清思路，全力以赴。"

（6）缺假如竞选成功的施政方略。文章只写了一句"假如我能竞选成功，我将做好自己应该做的工作"，但具体的施政方略没有写出来。

【修改参考文稿】

竞选院学生会主席演讲词

尊敬的老师，亲爱的同学：

大家好！

我是 22 级××专业 5 班的学生赵××，今天很高兴地站在这里参加本届学生会成员的竞选，我竞选的职务是学生会主席。

竞选院学生会主席并非我一时的冲动，而是在深刻理解学生会各部门职能的前提下，结合我院的实际情况及我个人的具体情况作出的综合决定。我有足够的自信与能力来胜任该职务。

一、我有一定的组织协调能力。我在初、高中时期曾担任过班长工作，获得了不少管理经验；一进入大学校门我就担任班级的班长，并主动加入院学生会，担任院学生会纪检生活部副部长。在班级的集体中，我与大家和谐相处、共同学习、共同进步，形成了良好的班风，班风带动着每位同学的学习热情，在英语四级考试中，我们班一次性通过率居全院之首。担任院学生会纪检生活部副部长期间，我带领委员共检查专教卫生392 次，抽查寝室 32 次，制作温馨提示 80 条，组织策划了"做文明大学生，共建和谐校园""3 月 5 日学雷锋实践活动"等活动，带领各系纪检生活部在文明素质道德月期间开展了一系列活动。我还协助老师和学生会其他部门组织策划了"庆院庆、师生健康百日跑"启动仪式、体育节开幕式、科技节开幕式、为灾区人民捐款仪式等活动，这些经历让我不断成长，不断进步，让我工作思路清晰，工作经验丰富，具备了一定的组织协调能力。

二、我有足够的工作热情。（略）

三、我有强烈的责任心。（略）

四、我有无私奉献的精神。（略）

各位老师，各位同学，学生会是学院全体学生的群众性组织，是学院和广大同学的桥梁，它关系着同学的日常学习和生活，所以学生会的工作更加艰巨和重要，必须理清思路，全力以赴。假如我能竞选成功，我将认真做好以下四项工作：

一是以身作则，当好学院学生工作的"领头雁"。从我做起，带领学生会一班人，圆满完成学院领导交给我的各项任务。

二是立足本职，当好学院学生部领导的"参谋"。如果我能竞选成功，我将积极主动地为学院学生部领导的决策提供信息、出谋划策，成为好的"参谋"、好助手。

三是脚踏实地，当好广大学生的"服务员"。大家知道，学生会的工作主要是为全体学生服务的。学生会要维护广大学生的权益，为他们排忧解难，协调各种工作、事务。所以说，严格意义上讲，学生会就是"服务会"，学生会的干部就是服务员。

四是甘为人梯，当好广大学生的"辅导员"。学生工作是一份错综复杂的工作，广大学生中难免出现这样那样的问题，作为学生会的干部，就要去做细致的疏导工作，对一些学生的特殊情况要做好辅导工作。只有通过艰苦细致的工作，才能营造一个和谐美好的学生工作新局面。

演讲完毕，谢谢大家！

竞选人：赵××

2024 年×月×日

七、参考模板

结构模板	文字模板
标题	<div align="center">竞选班长演讲词</div>
称呼	各位评委、各位听众：
问候语	大家好！
正文	我要竞选的是×××××××××。我从小喜欢××××××××
竞聘的职务和竞聘的缘由	××××××××，××××××××××等（阐述竞聘的缘由）。
竞聘优势	我，××××××××，××××××××××（年龄、政治面貌、学历、现任职务等）。
	××××××××，××××××××××，××××××××，×××××××。
施政设想	如果我当选××××××，我的工作设想是：
	1.××××××××，××××××××××，××××××××，×××××××。
	2.××××××××，××××××××××，××××××××，×××××××。
	……
表明决心和请求	如果我很荣幸成为×××××××，我将珍惜这个机会，×××××××××，××××××××××，××××××××，×××××××。
结束语	谢谢大家！
落款	<div align="right">竞选人：××× 202×年×月×日</div>

✦ 任务实施

根据"任务导入"完成以下任务。

1. 填写和撰写竞聘词的相关要素

名称	内容要素	拟写"任务导入"中各要素内容	位置
标题			
称呼			
问候语			
正文			
结束语			
落款			

2. 独立完成"任务导入"中的竞聘词写作

3. 分析、修改撰写的竞聘词

任务拓展

改一改

修改下面的竞聘演讲词。

各位老师、各位同学们：

你们好！

今天很荣幸能有机会站在讲台上竞选本班的文娱委员，这可是我心向往之的一个"职务"哟。

由于在机房担任网管一职，我唯恐自己不能身兼数职，所以每每竞选班干部的时候我只能无奈地将"文娱委员"一职拱手让与他人。但是现在我来了，且我深知自己有能力胜任此职。

首先，我凭借自己在机房当网管所磨炼出来的较强的组织能力和吃苦耐劳的精神，其次我在班上算活跃的一分子，我想在今后的学习生活中将要开展什么活动时，我会贡献出自己的所有力量，带动活动气氛，让我们的活动举办得有声有色，使同学们受益匪浅。

我知道刚刚上台发言的每一位同学都很优秀，但我坚信在以后的日子里我会取其长处，去其短处，把我的工作做得更出色，我同时也会积极配合老师将班级工作做好，跨上一个新的台阶。

同学们，请信任我，给我一次锻炼的机会吧，我将给你们更多的惊喜！

竞选人：××

2024 年 5 月 15 日

写一写

请撰写一份竞选班长的演讲稿。

任务四　自我鉴定

任务导入

　　杨老师是 23 级汽修班班主任，23 级汽修班共有 45 人，经过一个学期的学习，同学们在学习、生活等方面有了较大的进步，在期末的时候，杨老师要求每一位同学对一学期的学习、生活进行自我鉴定。假如你是 23 级汽修班级的一员，请你撰写一份自我鉴定。

任务要求

　　1. 了解自我鉴定的含义、特点。
　　2. 掌握自我鉴定的结构与写法。
　　3. 能独立撰写自我鉴定。

任务准备

一、自我鉴定的含义

自我鉴定是个人在一个时期内、一个年度或一个阶段内对自己的政治思想、业务水平、工作能力、学习生活等方面的情况进行评价而形成的书面文字。

二、自我鉴定的特点

篇幅短小，语言概括、简洁，具有评语和结论的性质。

三、自我鉴定的结构与写法

自我鉴定一般由标题、正文和落款三部分构成。

1. 标题

自我鉴定的标题有两种形式：一是用文种"自我鉴定"作标题；二是内容加文种构成，如"教学工作自我鉴定"。如果是填写自我鉴定表格，不写标题。

2. 正文

正文一般由前言、优点、缺点、今后打算四部分构成，也可以不拘于此种形式。

（1）前言：概括全文，常用"××时期以来""××××年以来"等习惯用语引出正文的主要内容。

（2）优点：一般按政治思想表现、业务工作、学习等方面的内容逐一写出自己的成绩和长处。

（3）缺点：一般从主要缺点写到次要的或只写主要的，次要的一笔带过。

（4）今后打算：用简洁明了的语言概括今后的打算，表明态度，如"今后我一定×××，争取××××"等。

3. 落款

在右下方署上鉴定人姓名，并在下面注明年月日。

四、自我鉴定写作注意事项

（1）一分为二，实事求是。写自我鉴定，必须从实际出发，如实地反映情况，恰当地分析过去。

（2）全面评价，抓住重点。自我鉴定具有评语和结论的性质。如果是综合评价，则要对过去进行全面分析，做出恰如其分的评价；同时要根据工作或学习的实际，内容有所侧重，分清主次详略。

（3）条理清晰，用语准确。自我鉴定不只是写给自己看的，有的要向上级汇报，有的要存档，应做到层次清晰，一目了然，语言准确、严谨、简明、平实。

五、范文欣赏

 例

电工自我鉴定

我从事电工工作以来，始终坚持"安全第一，预防为主"的指导思想，严格执行安全生产各项规章制度，坚持以标准化岗位为准绳严格要求自己，保质保量完成了工作任务。

工作中作风扎实，任劳任怨。能严格按标准化要求、程序、制度和措施，落实各项工作。遇到困难时，开动脑筋，刻苦钻研，能够正确对待并主动克服困难，出色完成了领导交给的各项任务。车间合并初期，新成立的供电车间工作设施并不完备，车间的广铁集团办公网无法使用，为了能及时传递生产信息，自己动手接通通信设备，确保了生产信息畅通。作为一名电工，对于接触网集修计划编制工作，从学习到应用，从一无所知到逐步了解，体现了顽强拼搏的敬业精神。

自觉加强理论和业务学习，理论联系实际为车间安全生产服务。努力钻研业务技术，不断提高自己的理论水平、业务能力和职业素养，并注重把所学的知识运用于安全生产实践，配合车间领导搞好生产管理工作，为一线生产作出了贡献。主动掌握一线工作动态，对现场发生的故障抢修情况、设备运行情况及时作出统计，及时上报，为领导了解现场情况提供了第一手资料，并迅速传达上级指令，认真完成各项任务。无论故障抢修还是常规巡视，不分昼夜，一丝不苟。

工作中还存在不足，主要缺点是抢修故障的时间有些长，影响了生产。以后的努力方向是提高技术水平，减少故障，缩短抢修时间，增加效益。

【赏析】本文结构完整，正文以突出自己的优点为主，缺点一笔带过，同时也提出了自己今后努力的方向。

六、病文诊断

自我鉴定

本人思想进步，善于合作，业务能力和组织能力强，具有良好的团队精神和强烈的集体荣誉感；待人诚恳，乐观向上，勤于钻研，工作认真，在以前的学习和工作中，打下了基础、积累了经验，在以后的工作中，我仍然要不断进取，发挥自身的优势，时刻以高度的热情做到：诚实守信、工作勤奋、团结协作、努力创新，本人已有五年的财务工作经验，熟悉做账、报税、开票、支票上账等一系列财务工作流程。有八年的办公室文员工作经验，熟悉人员合同备案，终结、解除合同关系，办理统筹保险等办事流程，并能兼顾企业工商营业执照年检工作，及组织机构代码年检等事宜。本人性格开朗，乐观，善于交往，学习能力强，有良好的适应能力和沟通能力，做事踏实仔细，能吃苦耐劳。自××××年7月份毕业，一直从事建材类店面销售工作兼文员工作，工作认真负责，服务态度热情有礼，深受顾客和老板的赞赏。

【诊断】根据自我鉴定的要求，本文存在以下问题：

（1）结构不完整。自我鉴定由标题、正文、落款组成，本文缺少落款，应在正文的右下方写上自我鉴定人的名字，在名字下写上自我鉴定的时间，年月日都要齐全。

（2）正文条理不清晰。正文首先应该写前言，而本文前言放在最后来写，从"自×××年7月份毕业，一直从事建材类店面销售工作兼文员工作"等句子中看出。

（3）正文内容自相矛盾。作者"自×××年7月份毕业，一直从事建材类店面销售工作兼文员工作"，而阐述自己优点时，"本人已有五年的财务工作经验""有八年的办公室文员工作经验"，这样陈述前后矛盾。

（4）可以增加缺点。人无完人，在自我鉴定中可以适当增加自己在哪一方面还做得不够的内容。

【修改参考文稿】

自我鉴定

本人从事财务兼文员工作，深受顾客和老板的赞赏。

工作能力强。本人熟悉做账、报税、开票、支票上账等一系列财务工作流程；熟悉人员合同备案，终结、解除合同关系，办理统筹保险等办事流程，并能兼顾企业工商营业执照年检工作，及组织机构代码年检等事宜。

有良好的团队合作精神。本人性格开朗，乐观，善于交往，善于合作，特别注重与同事的交流与沟通，加强与同事的互动与合作，充分挖掘和发挥了团队意识和合作精神。

做事踏实仔细。能认真对待财务、文员等方面的每一项工作，对繁重工作做到一丝不苟，任劳任怨，出色完成领导交给的各项工作。

工作中还存在不足，主要缺点是创造性的工作思路还不够多，工作的方法有待进一步提高。以后我将加强学习，改变不当的工作方法，创新工作思路，把本职工作做得更加完美。

张××
202×年××月××日

七、参考模板

结构模板	文字模板
标题 正文 　前言 　优点	自我鉴定 　×××以来，本人××××××××××××××，××××××××××××××（对一段时间的工作全面概括）。 　本人思想上×××××××××××××××，×××××××××××××（优点一）。 　在业务上×××××××××××××，××××××××××（优点二）。 　………

续表

结构模板	文字模板
缺点	工作中（学习中）存在×××××××××问题，××××××××，××××××××（主要说缺点）。
今后打算	今后我一定×××××××，×××××××，争取×××××××，×××××××。
落款	×××（签名） ××××年××月×日

任务实施

根据"任务导入"完成以下任务。

1. 填写和撰写自我鉴定的相关要素

名称	内容要素	拟写"任务导入"中各要素内容	位置
标题			
正文 （四个部分）			
落款			

2. 独立完成"任务导入"中的自我鉴定写作

3. 分析、修改撰写的自我鉴定

✦ 任务拓展

改一改

修改下面一篇自我鉴定。

自我鉴定

　　自担当车间的班组建设管理工作以来，班组管理和建设工作，独当一面。能结合对班组的安全管理，紧紧围绕安全主题开展工作，做到勤于思考、勇于探索、忠于职守、敢抓敢管、敢作敢为，听取班组职工意见，服从车间领导安排，做得对的坚持做好，存在差距的主动找原因，调整工作方法，从而不断积累经验，提高工作质量。供电车间管内设备分散，班组管理日常工作繁杂，弓网、水电各类专业型班组具备，要区分不同工种性质的班组进行相对统一的管理，无疑具有相当的难度，需要付出更多的劳动，为此常常没有休息不分昼夜地投入工作。

写一写

　　顶岗实习结束后，班主任要求每一位参加顶岗实习的学生对顶岗实习阶段的学习进行自我鉴定。

✦ 项目概述

公务文书是法定机关与组织在公务活动中，按照特定的体式，经过一定的处理程序形成和使用的书面材料，又称公务文件。无论是从事专业工作还是从事行政事务，都要学会通过公文来传达政令政策、处理公务，以保证协调各种关系，决定事务，使工作正确地、高效地进行。

通过本项目的学习，学生应了解通报、请示、报告、函的相关知识，能够正确地拟写通报、请示、报告、函。

✦ 学习目标

能力目标

1. 能形成公务文书的写作思路。
2. 能独立完成通报、请示、报告、函的写作。

知识目标

1. 了解通报、请示、报告、函等的相关知识。
2. 掌握通报、请示、报告、函的结构与写法。

素养目标

1. 树立责任感、使命感和服务意识，做到爱岗敬业、爱家爱国。
2. 培养严谨认真的态度，树立庄重简洁的公文文风。
3. 逐步形成严谨、细致的职业素养和良好的信息素养。

任务一 通 报

✦ 任务导入

2015 年 6 月 1 日 21 时 30 分许，重庆东方轮船公司所属旅游客船"东方之星"在由南京驶往重庆途中，突遇龙卷风瞬间翻沉。据统计，事发客船共有 456 人。6 月 2 日上午，海军工程大学受令派出潜水员赴湖北监利大马洲长江水段救援"东方之星"沉船。领受任务后，潜水员和保障人员第一时间赶赴救援现场。11 时 20 分，潜水员官东第一个入水，在舱室内探摸时，官东发现一位老大娘，他摸到老人身边，为她戴上潜水装具，并于 20 分钟后和其他潜水员一起将老人成功救出水面。65 岁的老大娘成功获救。14 时 15 分，官东在水下又发现一名幸存的船员，由于惊吓过度，情绪紧张，小伙子无法穿戴救生装具，官东果断脱下自己的潜水重装具，和另外两名潜水员一起把小伙子救了出来。这名 21 岁的船员顺利得救。海军工程大学为潜水员官东记一等功。为此海军工程大学领导让工作人员拟写一份表彰性通报，宣传官东的先进事迹。

✦ 任务要求

1. 了解通报的适用范围、种类和特点。
2. 掌握通报的结构与写法。
3. 能根据相关要求独立撰写通报。

✦ 任务准备

一、通报的适用范围

通报适用于表彰先进、批评错误、传达重要精神和告知重要情况。

二、通报的种类

通报一般分为以下三种。

1. 表彰性通报

表彰本部门或下属单位的好人好事，从正面树立学习的榜样，弘扬时代精神。

2. 批评性通报

批评本部门或下属单位的典型错误，教育事件当事人、广大干部和群众。

3. 情况通报

让本部门或下属单位了解当前的工作情况。

三、通报的特点

1. 教育性

通报具有教育意义，让人们知晓通报内容之后，从中接受先进思想的教育，或警戒错误，引起注意，接受教训。

2. 真实性

通报要实事求是，要用事实说话，通报的事件、情况不能有差错，而且要严肃慎重表明处理意见，因为通报意见直接涉及具体单位或个人。

3. 典型性

通报要选择典型事件。只有选择能够指导现实、推动工作、纠正过错的典型事例，才能达到教育的目的。

四、通报的结构与写法

通报由标题、主送机关、正文和落款四部分组成。

1. 标题

由发文机关、事由、文种三部分组成，如"××省人民政府关于表彰××××民间艺术团和××省杂技艺术团的通报"。

2. 主送机关

通报大多有主送机关，一般为发文机关单位的下级机关单位。

3. 正文

通报的正文一般包括主要事实、合理分析、处理意见、要求号召四个部分。

（1）主要事实。

这部分也可以称为"通报的缘由"，一般讲清通报的主要事件，把事情发生的时间、地点、通报对象、主要情节、事件结局等交代清楚。

写作时，选材要真实典型，交代要详略得当；写作笔法上，要平实，不要使用文学笔法，尤其是不要采用夸张、联想等艺术表现手法。

（2）合理分析。

这部分是写作的难点，要求写作者通过通报的事实抓住事件的本质。写作可以从三方面着手：一是明确通报事实的性质；二是分析通报事实产生的原因；三是分析通报事实的重要意义或产生的后果。

（3）处理意见。

这部分是针对通报的主要事实，给予通报对象表彰或批评的具体措施。处理意见简单的，可以和"合理分析"部分篇段合一；内容较为复杂的，可独立成段，按内在的逻辑关系，分条列项写作。

（4）要求号召。

这部分是通报写作的重点，是通报写作目的的根本所在，一般写明发文机关单位的要求和希望，希望受文单位要学习的经验（精神）或吸取的教训。

4. 落款

在正文的右下方写明发文机关、发文日期并加盖公章，署名用全称，发文日期用阿拉伯数字。

五、通报写作注意事项

（1）注意时效性。通报具有较强的时效性。因为通报的内容都是当前新发生的事件和情况，与推动当前中心工作密切相关，因此，必须不误时机，否则，时过境迁，就失去通报的价值。

（2）注意指导性。不能事无巨细进行通报，要选择对工作有普遍指导意义的事项来发通报。要有普遍的指导意义，就应选择典型。只有选准、选好典型，通报才能起到激励教育、推动工作和批评警戒的作用。

（3）注意真实性。通报中所涉及的事例，必须是客观存在的，经过反复调查、认为是真实可靠的，绝不允许捏造和虚构。同时，事例的反映要准确，不能夸大或缩小，要实事求是。通报在结尾提出的号召和希望，也必须切合实际，有一定的针对性，使人能够接受或受到启示。

六、范文欣赏

 例一

××市卫生健康委员会关于医生张×滥用麻醉药品
造成医疗事故的通报

各区县、各乡镇医疗卫生单位：

202×年7月5日晚7时25分，×县×镇×村农民李×因下腹部疼痛，被送到×镇卫生院治疗。该院夜班医生张×以"腹痛待诊"处理，为病人开了阿托品、安定等解痛镇静药，肌肉注射杜冷丁10毫克。7月6日下午5时许，该病员因腹痛加剧，再次到该卫生院治疗，医生刘××诊断为"急性阑尾炎穿孔，伴腹膜炎"，急转市第二人民医院治疗，于当晚7时施行阑尾切除手术。手术过程中，发现阑尾端部穿孔糜烂，腹腔脓液弥漫。切除了坏死的阑尾，清除了腹脓液约300毫升，安装了腹腔引流管。经过积极治疗，输血300毫升，病人才脱离危险，但身心受到了严重的损害。

急性阑尾炎是一种常见的外科急腹症，诊断并不困难。×镇卫生院张×工作马虎，处理草率，在没有明确诊断以前，滥用麻醉剂杜冷丁，掩盖了临床症状，延误了病人的治疗时间，造成了较为严重的医疗事故。这种对人民生命财产极不负责任的做法是错误的。为了教育张×本人，经市卫生健康委员会研究，决定给予张×行政记过处分，扣发全年奖金，并在全市范围内通报批评。

各单位要从这次医疗事故中吸取教训，加强对职工的思想教育，增强职工的责任感，以对人民高度负责的精神，端正服务态度，提高服务质量。同时，要加强对麻醉药品的管理，认真执行××省卫生健康委员会《关于严格控制麻醉药品使用范围的规定》，严禁滥用麻醉药品。今后如发现违反规定者，要首先追究单位领导的责任。

××市卫生健康委员会（印）

202×年7月25日

【赏析】本文是一篇批评性通报。第一段陈述事实，第二段分析评价并给出处理意见，第三段提出希望和要求，结构完整、规范。

◆ **例二**

广东省人民政府关于表彰第45届世界技能大赛我省获奖选手和为参赛工作作出突出贡献的单位及个人的通报

各地级以上市人民政府，省政府各部门、各直属机构：

第45届世界技能大赛今年8月在俄罗斯喀山举行，中国代表团取得优异成绩，其中我省选手共获8枚金牌、3枚银牌、1枚铜牌和8个优胜奖，参赛项目和选手全部获奖，金牌数比上届增加3枚，金牌数和奖牌数均居全国第一，为中国代表团蝉联金牌榜、奖牌榜和团体总分第一作出重大贡献。

我省选手所取得的成绩，充分展现了我省青年技能人才的高超技能和积极向上、斗志昂扬的精神风貌，充分体现了我省高技能人才队伍建设和技工教育高质量发展的水平，充分展示了我省从制造大省向制造强省迈进的基础和实力，以实际行动向新中国成立70周年献上了一份厚礼。为大力弘扬劳动光荣、技能宝贵、创造伟大的时代风尚，现对我省获奖选手及为参赛工作作出突出贡献的单位和个人给予通报表扬和记功奖励，具体如下：

一、对第45届世界技能大赛数控车等8个项目金牌获得者黄晓呈等10名同志给予通报表扬，各奖励人民币50万元，并给予晋升高级技师职业资格或职业技能等级。对上述8个项目技术指导专家组各奖励人民币50万元，并对培养电子技术项目金牌选手的技术指导专家组奖励人民币50万元。

⋯⋯⋯⋯⋯

六、对在第45届世界技能大赛备战参赛工作中作出突出贡献的广东省机械技师学院等5个集体记大功、广东省轻工业技师学院等9个集体记功，对省人力资源和社会保障厅等13个单位给予通报表扬。

希望受表彰的单位和个人珍惜荣誉、再接再厉，充分发挥示范带头作用，做好技能技艺传帮带，积极促进竞赛成果转化，努力推动本领域整体技能水平提升。各地、各部门要以受表彰的集体和个人为榜样，全面贯彻落实党的十九大和十九届二中、三中全会精神，深入贯彻习近平总书记对广东重要讲话和重要指示批示精神，大力弘扬劳模精神和工匠精神，营造劳动光荣的社会风尚和精益求精的敬业风气，掀起学技能、练本领、创一流的热潮，进一步提升职业技能培训规模和水平，加快知识型、技能型、创新型劳动者队伍建设，为我省实现"四个走在全国前列"、当好"两个重要窗口"作出新的更大的贡献。

附件：受表彰个人和集体名单

广东省人民政府（印）
2019年9月29日

【赏析】这是一份表彰性通报。文章首先叙述了第45届世界技能大赛的时间、地点、参赛的项目及取得的成绩；其次对取得成绩进行了合理的分析，用"充分展现了""充分体现了""充分展示了"明确了通报事实的性质；再次对通报的对象进行表彰；最后提出了希望和要求。

例三

××省大数据发展管理局
关于2022年第四季度全省政府网站检查情况的通报

各市、县（市、区）人民政府办公室，省级有关单位：

按照《国务院办公厅秘书局关于印发政府网站与政务新媒体检查指标、监管工作年度考核指标的通知》（国办秘函〔2019〕19号）要求，省大数据局组织开展了2022年第四季度全省政府网站检查工作。现将有关情况通报如下：

一、总体情况

（一）2022年第三季度问题整改情况。第三季度检查发现的2个不合格政府网站相关问题，经复查已落实整改。

（二）2022年第四季度检查结果。本季度，省大数据局对全省正常运行的546个政府网站进行了全覆盖检查，总体合格率为100%。

（三）"我为政府网站找错"留言办理情况。10月1日至12月16日，全省共收到网民反馈的"我为政府网站找错"留言370条，均已按期办结，办结率为100%。

二、存在问题

（一）网站日常通报问题整改效率有待提高。部分单位对日常通报问题不够重视，未能及时整改，如省文化和旅游厅网站地图内存在空白栏目入口的问题经2次通报方落实整改。

（二）网民留言答复时效有待加强。××市因设置过多的信件流转环节，整体答复时效较低；部分单位对于网民简单问题咨询未在提交之日起1个工作日内答复，如××市卫生健康委对于网民简单问题咨询在第5个工作日才答复。

三、下一步工作要求

（一）及时整改网站问题。对通报中指出的问题，各级网站主管单位要认真落实监管责任，及时组织整改；各网站主办单位要高度重视，立即整改，并举一反三，完善工作机制，杜绝问题再次出现。

（二）进一步提高网民留言答复时效和质量。各地、各单位要高度重视网民留言办理工作，按照《××省政府网站管理办法（试行）》要求，完善信件流转办理机制，落实专人及时答复网民留言，提高留言答复时效和质量。

（三）做好政府网站年度工作报表填报工作。在2023年1月15日前，各地、各单位按照全国政府网站信息报送系统中的政府网站清单，及时在报送系统中填报2022年度政府网站年度工作报表，并在本地区、本部门政府网站首页设置显著的固定栏目公开发布，要确保报表发布及时、数据真实准确。

附件：省级有关单位名单

××省大数据发展管理局（印）

2022年12月22日

【赏析】这是一份情况通报。文章首段写了通报的依据及目的；通报情况从总体情况、存在问题、下一步工作要求等三个方面进行，内容具体而又简明，层次分明。

七、病文诊断

××人民政府关于表彰营业员顾晓波同志的通报

各乡镇人民政府：

202×年×月×日中午12点左右，××商厦××路门市部表柜前来了一个青年顾客，提出要买一块"卡地亚"牌手表。营业员顾晓波同志将手表拿出来递给这位顾客，又忙着接待别的顾客。一种强烈的责任感促使他随时盯着买表人的动作。忽然，发现那人侧过身子挡住营业员的视线，把表放在耳边装作在听表。这种行为引起了顾晓波同志的警觉，他心想：挑表为什么要侧过身子背对着营业员呢？当青年顾客把表交回来的时候，顾晓波同志立即进行了检查，发现表面上有两道划纹。他马上认定新表已被换走，于是当机立断，喊了一声："你停一下！"那人听到喊声，慌忙向店外跑去。见此情景，顾晓波同志一跃跳到货圈外，用尽力气拼命追赶。霎时间那家伙穿过胡同，跑出数百米。营业员边追边喊："抓住他！抓住他！"终于在周围群众的协助下，将罪犯逮住并扭送到公安派出所，从其衣袋里搜出换去的新表。

顾晓波同志机智果断，不顾个人安危与坏人作斗争，保住了国家财产，精神可嘉。决定给予通报表扬，并颁发奖金，以资鼓励。

202×年5月4日（印）

【诊断】本文是一篇表彰营业员顾晓波保护公司手表不被调换的先进事迹，文章主要存在以下问题：

（1）发文单位不准确。根据材料，表彰单位应该是公司，而不是人民政府。可改为"×××总公司"。

（2）受文单位不准确。根据发文单位可修改为"总公司各科室、各分公司"。

（3）正文开头应使用叙述性语言。通报正文第一部分概括主要事实，采用叙述语言，而本文较多使用描写性语言。

（4）缺少对事实的分析、评价，如"顾晓波同志机智果断，不顾个人安危，勇于保护国家财产，敢于与盗窃分子作斗争的精神，充分体现了一个当代青年的优秀品德"。

（5）表彰的事项不够具体。

（6）缺结尾，应提出希望和要求。

【修改参考文稿】

<h3 style="text-align:center">××总公司关于表彰营业员顾晓波同志的通报</h3>

总公司各科室、各分公司：

顾晓波同志是××商厦××路门市部售表柜台的青年营业员。202×年×月×日中午，顾晓波同志在柜台当班，当他发现一块新表被一位青年顾客换走时，当即大喊一声："你停一下！"该青年慌忙拔腿就跑。顾晓波同志不顾自己身单力薄，奋力追赶并大声喊叫，最后在闻讯赶来的周围群众的帮助下，将该青年扭送到××派出所，换回了新表。

顾晓波同志机智果断，不顾个人安危，勇于保护国家财产，敢于与盗窃分子作斗争的精神，充分体现了一个当代青年的优秀品德。

为了表彰顾晓波同志，总公司决定给予顾晓波同志通报表扬，并颁发奖金3 000元。

希望顾晓波同志在以后的工作中仍旧保持这样精神，为公司作出更大的贡献。希望广大干部、职工以顾晓波同志为榜样，忠于职守，爱岗敬业，进一步做好本职工作。

××总公司（印）
202×年5月4日

八、参考模板

批评性通报模板

结构模板	文字模板
标题 主送机关 正文 　主要事实 　合理分析 　批评决定 　要求号召 落款	××单位关于批评××××××的通报 ××××： 　　概述被批评的事实发生的时间、地点、单位或个人、经过、结果。批评错误，分析错误的性质、原因、危害。 　　为了严肃纪律，×××××××××××（目的），××××××单位经研究决定，对××××××（个人或者单位）予以通报批评，扣发×××元奖金（批评决定事项）。 　　望全体员工从中吸取教训，加强××××××××××管理，不断完善××××××××，努力使××××××××做得更好。 　　　　　　　　　　　　　　　　　　××××××××××（印） 　　　　　　　　　　　　　　　　　　××××年×月×日

表彰性通报模板

结构模板	文字模板
标题	××单位关于表彰××××××的通报
主送机关	××××：
正文	概述被表彰事实发生的时间、地点、单位或个人、经过、结果。
主要事实	分析、评议先进事迹，指出先进事迹的精神实质、意义和影响。
合理分析	为了表彰××××××××××××（目的），××××××单位经研究决
表彰决定	定，授予××××××（个人或者单位）××××××荣誉称号，并颁发奖金××××元（表彰决定事项）。
要求号召	希望××××××××××××以××××××（个人或者单位）为榜样，学习××××××××××××（先进事迹的精神），立足本职岗位，努力做好本职工作，为××××××××××××作出更大的贡献。
落款	×××××××××（印） ××××年×月×日

✦ 任务实施

根据"任务导入"完成以下任务。

1. 填写和撰写表彰性通报的相关要素

名称	内容要素	拟写"任务导入"中各要素内容	位置
标题			
主送机关			
正文			
落款			

2. 独立完成"任务导入"中的表彰性通报写作

3. 分析、修改撰写的表彰性通报

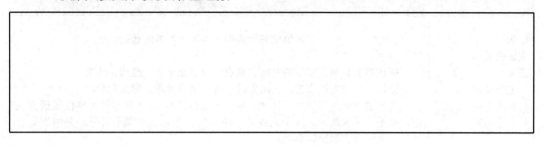

✦ 任务拓展

指出下面公文中的毛病，提出修改意见。

关于李建波的通报

各系、处、室，各班级：

我校 2023 级计算机班学生李建波，2023 年 11 月 25 日中午到学校食堂吃饭的时候，看到排队的人多，就要强行插队。有同学劝他要遵守纪律时，他还大声说："关你屁事！"一位值周同学走过来阻止他，他不管三七二十一，用手机敲打值周同学的头部，致使那位同学头部受伤。李建波的行为引起了在场其他同学的公愤，有人甚至叫嚷要把他拉到派出所去关押起来。

据查李建波同学平时学习不够刻苦，上学期期末有多门课不及格。

希望广大同学以此为戒，努力学习，争取在学年考试中取得好成绩。

××职业技术学校（公章）

2023 年 11 月 27 日

✦ 写一写

根据下面提供的材料，拟写一份通报。

根据农业农村部汇总的材料，请代农业农村部办公厅拟写一篇《关于 20××年农机事故情况的通报》。

1. 全国农机事故死亡人数占全年控制考核指标的 80.7%，在总体控制考核指标进度目标以内，农机安全生产形势总体上保持了平稳态势。

2. 按照《农业机械事故处理办法》的规定，现对 20××年全国等级公路以外的农机事故情况、造成农机事故的主要原因及几起较大的农机道路交通事故进行通报。

3. 20××年共报告较大以上农机道路交通事故 6 起，造成 21 人死亡，27 人受伤。

4. 3月26日凌晨2时50分,杨×(安徽省利辛县人)驾驶皖17-11×××号变型拖拉机,途经323省道科大线54KM+300M岭下路段时,撞上道路右侧山体,造成3人当场死亡。

5. 20××年,全国累计报告发生在国家等级公路以外的农机事故933起,死亡171人,受伤473人,直接经济损失821.38万元。与上年相比,死亡人数、受伤人数和直接经济损失分别下降了20.1%、8.5%和0.05%,事故起数上升了14.9%。其中:拖拉机事故480起、死亡125人、受伤276人,占事故起数、死亡人数和受伤人数的51.4%、73%和58.4%。联合收割机事故345起、死亡23人、受伤142人,占事故起数、死亡人数和受伤人数的37%、13.5%和30%。其他农业机械事故108起、死亡23人、受伤55人,占事故起数、死亡人数和受伤人数的11.6%、13.5%和11.6%。

6. 因操作失误引发的事故519起、死亡67人、受伤234人,分别占事故起数、死亡人数和受伤人数的55.3%、38.1%和49.4%。

7. 5月17日5时,湖南省衡阳市祁东县驾驶员李××驾驶牌号为湘04-F1×××运输型拖拉机,在322国道祁东县洪桥镇原三圣收费站与湘D-64×××面包车相撞,造成面包车上3人当场死亡、7人受伤的拖拉机道路交通事故。驾驶人李××逃逸。

8. 6月24日17时,驾驶人罗××驾驶云0943×××号"时骏-13HZ××"大中型拖拉机,由德党镇忙海村忙海组沿忙海水库路驶往忙海村鸡刺坝组,车上载有14人(含驾驶人),17时30分,向右急弯下坡转入忙海水库坝基时,车辆从其顺行方向左侧防护墙翻下坝基,造成1人当场死亡、2人送医院抢救无效死亡、11人不同程度受伤的拖拉机道路交通事故。

9. 4月2日4时10分许,在222省道27KM+900M衢州市龙游县沐尘乡大车路段,号牌为浙H-D1×××的挂车与号牌为豫P-61×××的挂车和号牌为皖09-61×××的变型拖拉机发生三车相撞,造成5人死亡、2人受伤的道路交通事故。

10. 因其他原因引发的事故197起、死亡30人、受伤104人,分别占事故起数、死亡人数和受伤人数的21%、17%和21.9%。

11. 9月13日下午,楚雄州双柏县×乡××村李××无证、酒后驾驶云23-22×××号云峰-YZ拖拉机(该车检验至2012年4月,已保交强险)由××村驶往那汉村民小组,车上载有8人(含驾驶人),16时44分,当拖拉机行至距那汉村100处时驶出路外,造成3人死亡、3人重伤、1人轻伤的拖拉机道路交通事故。

12. 20××年,全国农机事故死亡人数、受伤人数和直接经济损失相对上年有所下降,但事故起数有所上升。其中,操作不当和无牌无证是引发农机事故的主要原因。另外,个别地区违规发放牌证的超标准的拖拉机,造成了多起较大道路交通事故。个别地区对事故统计报送不够重视,报送不及时给事故统计分析工作带来影响。

13. 因无证驾驶引发的事故367起、死119人、受伤218人,分别占事故起数、死亡人数和受伤人数的 39.1％、67.6％和 45.9％。

14. 5 月 30 日 12 时 30 分，驾驶人杨××无证驾驶牌号为湖南 N－EB×××变型拖拉机，从中方县接龙乡驶往溆浦县小横垅乡白水村，因转弯路段车速过快，翻下公路 86 米深的路坎下，造成 4 人当场死亡、3 人受伤的拖拉机道路交通事故。驾驶人杨×× 逃逸。

15. 各级农业机械化主管部门及其农机安全监理机构要加强领导，积极采取措施，加大隐患排查治理力度，提高事故统计报告工作水平，进一步加强农机安全监理工作，促进农机化安全发展。

16. 因无牌行驶引发的事故 229 起、死亡 74 人、受伤 149 人，分别占事故起数、死亡人数和受伤人数的 24.4％、42％和 31.4％。

任务二 请 示

任务导入

　　××职业技术学校为完善电商专业实验设备，更好地为教学服务，打算购买 50 台电脑，需要资金 150 000 元。学校向市教育局申请拨款。假如你是办公室主任，请你拟写一份请示。

任务要求

　　1. 了解请示的适用范围、种类和特点。

　　2. 掌握请示的结构与写法。

　　3. 能根据相关要求独立撰写请示。

任务准备

一、请示的适用范围

　　请示适用于向上级机关请求指示、批准事项。

二、请示的种类

1. 请求指示的请示

　　请求指示的请示用于工作中遇到重大或疑难问题时，请求上级指示，如《衢州市人民政府关于报请审查衢州市衢江区罗樟源水库工程建设征地移民安置规划大纲的请示》。

2. 请求批准的请示

请求批准的请示用于必须经上级批准才能办理，或必须处理但本单位又无权处理的事项，请求上级批准，如《××市人民政府关于设立××技师学院的请示》。

3. 请求帮助的请示

请求帮助的请示用于本单位应办或上级交办的事项，需一定人力、物力、财力，本单位难以解决，请求上级帮助解决，如《关于建造水闸要求拨助经费的请示》。

4. 请求批转的请示

请求批转的请示用于需要办理的重大事项，带有普遍性，牵涉全局，超出本单位职权范围，提出意见，请求上级批转，如《关于转发〈关于优化项目建设环境的指导意见〉的请示》。

三、请示的特点

1. 请示事项的单一性

请示必须一文一事，每份请示只能提出一个事项，解决一个问题，这样才有利于上级批复，使问题得以解决。

2. 请示时间的超前性

请示必须在事前行文，得到上级的答复和批准后才能办理有关事项。

3. 请示结果的反馈性

请示需要等待上级的批复，请示所涉及的问题一般比较紧迫，没有批复，下级机关也无法开展工作。上级机关必须及时地、有针对性地对下级的请示给以批复。

四、请示的结构与写法

请示一般由标题、主送机关、正文、落款四部分组成。

1. 标题

标题由发文机关、事由、文种三部分组成，如"杭州市政府关于恳请设立杭州径山旅游度假区为省级旅游度假区的请示"。

2. 主送机关

请示的主送机关就是负责受理和答复请示的机关。请示在确定主送机关时，要注意以下三点：

（1）主送机关只能是一个。

（2）只能主送上级机关，不能送领导者个人。

（3）不得越级请示。

3. 正文

请示的正文由请示缘由、请示事项、请示结束语三部分组成。

（1）请示缘由。这是行文的重点，要交代请示事项产生的背景、原因，阐述请示的理由和依据。理由要充足，依据要充分，道理要讲透。

（2）请示事项。这是行文的落脚点，必须具体、明确，一目了然。

（3）请示结束语。另起一行，常用的结束语是"以上请示当否，请批复""以上请示，请予审批""以上请示如无不妥，请批准"等。

4. 落款

在正文的右下方写明发文机关、发文日期并加盖公章，署名用全称，发文日期用阿拉伯数字。

五、请示写作注意事项

（1）要一事一文。请示必须一事一请示，不能一文数事，否则会影响请示事项的及时答复与解决。

（2）要单头请示，逐级行文。请示只主送一个上级领导机关或主管部门，不多头主送。受双重领导的机关向一个上级机关行文，必要时可抄送另一个上级机关。

（3）请示事项要具体明确。请求上级对什么问题作出指示、要求批准什么事项，必须清清楚楚、明明白白，不能模棱两可、含混不清。否则，上级机关很难做出指示或批准。

（4）语言要谦和得体。请示是上行公文，语气应诚恳谦恭；杜绝明确强烈的主观色彩，如"我们认为""一定要"等，减少施压的嫌疑，行文的主观性若引起上级部门的反感，会使请示的批准被耽搁。

六、范文欣赏

 例一

××县邮政局关于增设中兴街邮政营业所的请示

××省邮政管理局：

为合理组织网点，扩大邮政服务，我局拟在中兴街设立邮政营业所一处。

中兴街地处我县西郊，驻街机关、工厂、学校较多，系单位和居民密集地带。但该处距县局约二公里，用户使用邮政很不方便。

为缓解当地用邮困难状况，我局近年来定期组织流动服务组到该处服务，但由于没有固定局房，生产和生活存在诸多不便。且自20××年省有关部门公布我县为开放旅游区以来，当地邮政业务量激增，流动服务组的方式已远远不能满足需要。

为此，请核准增设中兴街邮政营业所。

附件：1. 中兴街位置图

2. 拟建局房平面图

××县邮政局（盖印）

20××年3月10日

（联系人：×××，电话：13×××××××××）

【赏析】这是一份请求批准的请示，例文请示理由内容严谨有序并有说服力，语言简明通畅。

例二

××区文化和广电旅游体育局

关于下拨建设××省为民生办实事项目经费的请示

××区人民政府：

建成85个15分钟（村、社区）品质文化生活圈、7家文化驿站，是××省人民政府2022年为民办实事项目，工作任务重，时间紧，督查严，费用包括建设、装修、后续活动开展、场地管理等（含视听设备、小型舞台设备、书报阅览架、桌椅、展板、便民物品箱、监控、空调、绿化、物业管理费等），85个品质文化生活圈，建管费用需85万元（含一次性支出费用68万元和经常性支出费用17万元），7家文化驿站建管费用需184.03万元（含一次性支出费用166.53万元和经常性支出费用17.5万元）。

以上两个项目共计需269.03万元，恳请区政府协调解决。

以上请示当否，请批复。

附件：1. 15分钟品质文化生活圈点位一览表

2. 文化驿站点位一览表

3. 15分钟品质文化生活圈预算表

4. 文化驿站预算表

××文化和广电旅游体育局（印）

2022年4月15日

（联系人：×××，电话：13×××××××××）

【赏析】本文是一份请求帮助的请示。正文开头写明了请示缘由，即建成 85 个 15 分钟（村、社区）品质文化生活圈、7 家文化驿站，是××省人民政府 2022 年为民办实事项目，为完成这个项目，需要一定的资金。接着提出了请示的具体事项即需要 269.03 万元，恳请区政府协调解决，事项明确。正文用"以上请示当否，请批复"作为请示结束用语。文章把所需资金的附件附上，以确保资金的准确性。最后在附注处写了联系人姓名、电话，便于上级联系，及时解决问题。总之，本文结构完整，条理清晰，事项明确。

七、病文诊断

关于要求解决学生宿舍拥挤等问题的请示

×市人民政府、×市教育局：

我校今年由于住宿生急剧增加，已有的学生宿舍已无法容纳，现在住宿生基本上是一个床位两个人睡，严重影响学生的身心健康。为解决这一困难，我校决定再建一栋学生宿舍楼。另外，我校图书馆也尚未达到省"两基"标准，望上级部门给予适当支持。

特此请示，请回复。

××市二职

202×年×月×日

【诊断】本文存在如下问题：

（1）标题表述不准确。一是本文文种是请示，就是"请求指示、批准"，所以标题中的"要求"两字可省去。另外，对上级用"要求"的口吻不当。二是事由"解决学生宿舍拥挤等问题"不明确，既可以是增加学生宿舍，也可以是减少住宿生人数，根据本请示内容，应直接写明是"下拨建造学生宿舍楼经费"。三是"等问题"不符合请示应当一文一事的要求，应删去"等"字。

（2）主送机关不能多头送。请示一般只写一个主送机关，根据"谁主管、请示谁"的原则，可保留"××市教育局"，删去"××市人民政府"。

（3）请示缘由陈述诸多问题。一是"已有的学生宿舍已无法容纳"表述不够准确；二是"基本上"不够明确；三是"严重影响学生的身心健康"不全面；四是"我校决定再建一栋学生宿舍楼"，应讲明位置和建筑面积是多少，同时用"决定"一词也不妥；五是应补充说明建造学生宿舍楼的经费。

（4）请示事项不明确。

（5）"另外，……给予适当支持"应删去。

(6) 结束语用错。

(7) 学校名称应用全称。"××市第二职业中学",并加盖公章。

(8) 缺联系人和电话号码。

【修改参考文稿】

××市第二职业中学关于下拨建造学生宿舍楼经费的请示

××市教育局:

我校今年多招收 4 个班级学生,住宿学生急剧增加,造成学生住宿十分困难,有 80 人一个床位两个人睡,这不仅严重影响了学生的身心健康,而且影响了学生的学习和生活。

为解决学生住宿困难,学校准备在学校田径场东面篮球场的位置建造 1 幢可入住约 200 人,建筑面积约 320 平方米的学生宿舍楼(附示意图)。宿舍楼经有关工程人员匡算,共需要资金 300 万元。学校已筹集资金 140 万元,尚缺 160 万元。为此,学校恳请 ××市教育局下拨给我校建造学生宿舍楼经费 160 万元。

以上请示当否,请批复。

附件:拟建学生宿舍楼示意图

××市第二职业中学(公章)

××××年×月×日

(联系人:×××,电话:1360×××××××)

八、参考模板

结构模板	文字模板
标题 主送机关 正文 请示缘由 请示事项 请示结束语 落款	××××(单位)关于×××××(事由)的请示 ×××××: ××××××××××,××××××××××(依据、缘由)。为了×××× ×××××,××××××××,我公司(我局,我校)现请求××××× ×××,××××××××(要求指示、批准、支持、帮助的具体事项)。 以上请示当否,请批复(习惯结尾语)。 <div align="right">×××××××××(印) ×××年×月×日</div>

任务实施

根据"任务导入"完成以下任务。

1. 填写和撰写请示的相关要素

名称	内容要素	拟写"任务导入"中各要素内容	位置
标题			
主送机关			
正文			
落款			

2. 独立完成"任务导入"中的请示写作

3. 分析、修改撰写的请示

✦ 任务拓展

阅读下面的公文，指出文章存在的问题。

关于增拨办公大楼基建经费的请示报告

总公司：

　　我分公司办公楼是 20 世纪 50 年代仿苏式建筑，窗户小，采光及通风不理想，且使用年限长，墙体多处脱落且有些倾斜，去年已被市政府定为危楼。为此我分公司于

××××年决定新建办公楼，并得到总公司的支持，在×司〔××××〕×号文"关于拨款修建××分公司办公楼的批复"中，拨给我分公司 350 万元，此项资金已专款专用。

但由于建筑材料涨价，原预算资金缺口较大，恳请总公司拨给不足部分，否则将影响办公楼的如期竣工。

请即回复，切切！

××××分公司（章）

××××年×月×日

写一写

根据下述材料，拟写一份请示。

××公司办公室现有喷墨打印机 3 台，其中 2 台打印机因为使用年限很长，已无维修价值。现只有一台喷墨式打印机，工作非常不便，效率很低。由于办公室文档处理工作繁重，大量文稿、宣传资料、工资报表等需高速打印，喷墨打印机已不能适应高效工作要求，故申请购买激光打印机，买回后办公室实行局域联网，全体工作人员可以实现共享，既可节省打印机台数，又可提高工作效率。激光打印机每台约需 5 000 元。请代办公室向公司领导行文请批。

任务三　报　告

✦ 任务导入

　　××职业技术学校在专业课教学中注重学生职业能力的培养，坚持以岗位和职业能力为导向，注重教学内容的整合，以职业道德标准来要求学生，让学生形成良好的职业行为习惯，根据教学内容，做好教学设计，培养学生的职业能力，如以项目为主线，以情境为抓手，培养学生的创新能力，改革评价考核方法，引导学生参与意识，促进学生综合能力的提高。通过培养，学生的综合能力有提高，学生储备了专业能力和关键能力，达到行业和企业需求的标准，与岗位保持了"零距离"，做到了上岗可以顶岗。学校领导要把学校取得的成绩以文字的形式向上级教育局领导汇报，请你撰写这份报告。

✦ 任务要求

1. 了解报告的适用范围、种类和特点。
2. 掌握报告的结构与写法。
3. 能根据相关要求独立撰写报告。

✦ 任务准备

一、报告的适用范围

报告适用于向上级机关汇报工作、反映情况，答复上级机关的询问。

二、报告的种类

1. 工作报告

工作报告是指汇报工作的报告，包括就本地区、本单位的各项工作所写的综合性报告和针对某一项工作、某一问题、某一事件所写的专题性报告。

2. 情况报告

情况报告是指反映情况的报告。情况报告的内容一般是工作中发生的重大事件、意外事故，或带有倾向性的新问题、新现象、新动向等。

3. 答复报告

答复报告是指答复上级机关询问事项的报告。

三、报告的特点

1. 汇报性

报告是向上级机关汇报工作、反映情况而形成的公文，具有汇报性。

2. 陈述性

在汇报工作、反映情况，答复上级机关的询问时主要用陈述性语言。

3. 单向性

报告是下级机关向上级机关汇报工作、反映情况，答复上级机关的询问时使用的单方向上行文，不需要上级机关批复。

四、报告的结构与写法

报告由标题、主送机关、正文、落款等部分组成。

1. 标题

标题一般由发文机关、事由、文种组成，如"××学院行政管理系关于首届行政管理专业学生毕业论文指导工作的报告"。

2. 主送机关

原则上只写一个主送机关。

3. 正文

报告的写作，总体上应注意三点：一要实事求是，对工作中的成绩和问题要如实反映，不能报喜不报忧；二要突出重点，做到详略得当，主干突出；三要以陈述为主，条理清晰。具体来说，不同种类的报告，其写作方法和要求有所不同。

（1）工作报告。其正文部分主要包括以下内容：①前段工作的过程、做法、主要成绩和经验、存在的问题。②对今后工作的意见，应写得明确具体。

（2）情况报告。其正文部分主要包括以下内容：①叙述某一情况或问题的原委；②提出对它的基本看法，有时还应提出处理意见。

（3）答复报告。其正文部分应按照上级所询问的内容具体、明确地逐一进行答复，答复完毕，报告也随之结束。

4. 落款

在正文的右下方写明发文机关、发文日期并加盖公章，署名用全称，发文日期用阿拉伯数字。

五、报告写作注意事项

1. 报告事项要客观真实

报告事项要客观真实，就是报告中所反映的问题，汇报的情况，必须实事求是，尤其是典型事例与统计数字要十分精确，不能有"水分"和虚假浮夸的成分，不能欺骗上级领导。

2. 报告内容要重点突出

各类报告的内容要突出重点。专题性报告，一事一报，始终围绕一项工作、一个问题陈述，中心明确。综合性报告，反映的是全面工作情况，要求主次分明、有点有面、重点突出，不能事无巨细、主次不分，盲目地堆砌材料。

3. 报告中不得夹带请示事项

《党政机关公文处理工作条例》第十五条规定："不得在报告等非请示性公文中夹带请示事项。"

六、范文欣赏

例一

××街道办事处
关于 2021 年度依法治理工作开展情况的报告

××县委、县政府：

××街道在县委、县政府和县委依法治县工作领导小组的正确领导下，紧紧围绕我县依法治理工作规划，深入推进依法行政、公正司法、打非治违、法治宣传教育等工作，营造了良好的法治环境。现将 2021 年度依法治理工作开展情况报告如下：

一、加强组织领导，构建工作新格局

××街道党工委、办事处高度重视依法治理工作，将依法治理工作提到重要议事日程，成立了以党工委书记为组长，办事处主任、政法委员为副组长，其他班子成员为领导小组成员的依法治理工作领导小组，领导小组下设办公室，办公地点设在社会治理办，由政法委员担任办公室主任，×××同志负责日常工作。领导小组定期召开会议，分析、检查、研究依法治理工作，查找存在的问题，及时采取各种措施，确保××街道在依法治理工作中存在的问题和困难得到及时研究解决。根据县委依法治县办2021年工作要点和街道制定的《××街道依法治理工作方案》，做到年初有目标、平时有监督、年终有总结的管理制度，党政主要领导亲自抓，分管领导具体抓，领导小组成员协助抓，在辖区形成了对依法治理工作层层发动、层层落实的工作新格局。

（一）坚持依法行政，努力建设规范化服务型政府。全面推进政务公开，公开公示单位工作人员姓名、职务、部门和照片，设立党务、政务公开栏，公开了街道党工委、办事处职能、职责、机构设置，明确了街道、村（社区）办事服务事项清单，加强街道、村（社区）值班制度，涉及民众的规建、食药安全、民政、农业等服务事项及时得到办理，街道、村（社区）工作分工明确，密切配合，不越位，确保工作出实效。

（二）加强法治宣传教育。一是抓好干部职工法治教育，制订了干部职工年度学法计划，采取集中学习和自学的方法，增强干部职工的法律素质，提升了依法办事、依法行政的能力。同时组织各村（社区）、各单位的负责人进行法治学习交流，每个村民小组培养1名法律明白人，不定期对法律明白人进行培训，使民主决策、依法决策、依法管理、依法办事观念深入基层。组建法治宣传教育队伍，发挥其学法用法带头作用，2021年共开展法治宣传活动12次，法治讲座8次。二是抓好在校中小学生的法治教育，共开展法治课堂10次，受教育人数达到1 800余人次，教育学生从小抵制不良思想的侵蚀，争做守法公民。三是抓好群众的法治宣传教育。选择群众最喜爱、最容易接受的宣传方式，利用法治宣传栏、办公场所显示屏、微信公众号等宣传法律法规。一年来，悬挂宣传标语20余幅，设置法治宣传长廊3处、宣传栏共14处，受教育人数达到10 000余人次。通过专栏和张贴标语等各种形式的宣传教育，辖区群众的法律素质明显增强，守法意识、用法意识得到不断提升。

二、深化依法治理，推动社会和谐发展

（一）加强信访工作，及时排查调处，提前化解，实现了集访、越级访数量下降。各村（社区）矛盾纠纷基本上解决在基层，做到大矛盾不出街道，小矛盾不出村（社区）。

一年来，共排查矛盾纠纷78起，调处75起，调处率达96%。刑事、治安案件同比分别有所下降。辖区社会稳定，人民群众安全感明显增强。

（二）加大反诈骗、反邪教、防范非法集资等宣传力度。开展"4·15"全民国家安全教育日、"6·26"国际禁毒日、"12·4"宪法宣传周等形式多样的法治宣传活动，生动形象宣传国家安全、禁毒、反邪教、预防电信网络诈骗、森林防灭火、保障农民工工资支付条例等法律知识。推广宣传关注反诈新媒体 530 人次，安装国家反诈中心 App 220 人次，展出法律宣传展板 26 块，接受群众法律咨询 1 200 余人次，发放相关法治宣传资料 6 000 余份，××街道荣获"十佳"法治示范街道称号。

（三）坚持"预防为主、打防结合"方针，积极开展专项整治活动。加强重点行业重点领域乱象整治工作，对辖区企业、重点工程建设项目开展了"大走访、大排查"活动，有效排查消除企业和项目内部及周边环境安全隐患，拆除铁路沿线软硬漂浮物 1 处，引导广大群众爱护铁路。开展校园及周边安全专项整治活动，进一步完善校园安全工作机制，确保辖区校园安全。利用赶集日在主要交通要道对来往车辆进行文明劝导，签订交通安全责任承诺书，整治场镇占道经营，脏乱差的状况得到了很好的改善。进一步加强重点人群的管控，排查涉及强迫智力残疾人劳动违法犯罪事件的线索，严厉打击强迫智力残疾人劳动违法犯罪。

三、工作中存在的问题

××街道在依法治理方面虽然取得了一定的成绩，但还存在一些有待解决的问题，一是思想认识有待进一步提高，部分干部职工的法治意识不强，全员参与法治工作的积极性有待进一步提高，工作合力还需进一步提高。二是普法实效性有待进一步提升，普法宣传形式比较单一，多采取面对面讲解、发放宣传材料等方式进行，宣传载体以口头和宣传单为主，对新媒体的运用不及时。三是行政执法工作力度有待加强，主要体现在经费紧张、装备落后、缺少培训、综合执法能力有待提高等方面。

四、下一步工作计划

（一）进一步加强组织领导，强化责任落实。把依法治理纳入重点工作计划，与其他工作同安排、同部署，健全依法治理工作领导机制，细化分工，压实工作责任，统筹协调各方力量，加强日常工作调度，形成齐抓共管、密切配合、各司其职的工作格局。

（二）进一步加强普法宣传教育，营造良好的法治氛围。加强法律政策的宣传教育，采取向机关干部职工宣传和进村入户宣传相结合、法律知识宣传与案例宣传相结合、日常宣传与集中宣传相结合的方式，增强宣传教育的针对性和实效性，确保普法宣传教育全面深入、全面覆盖。

（三）强调法治思维，弘扬法治精神。开展法治意识和用法能力教育，强化行政执法人员的约束管理，加强警示教育和业务培训，全面提升执法人员法治意识和综合能力。

××街道办事处（印）

2022 年 4 月 14 日

【赏析】这是一份汇报工作的专题性报告，向上级汇报 2021 年依法治理工作开展情况，依次写了依法治理工作的做法、主要成绩、存在的问题及今后工作设想，内容具体而又简明，清楚地反映了这项工作的情况。

例二

××县公安局关于"1·19"特大道路交通事故的报告

××省公安厅：

20××年1月19日，207国道××县××乡××村路段处，一辆牌照为粤BC××××号中型普通客车翻入路边水塘，造成一起死亡6人、重伤2人、轻伤6人的特大道路交通事故。

一、事故简要经过

1月19日6时40分，司机张××驾驶粤BC××××号中型普通客车，从深圳返回新宁，当车辆行驶至国道207线××县××乡××村路段时，撞上路边的树后冲出公路，翻入路边水塘，车上人员张某、刘某、李某、陈某、宋某、熊某等6人当场死亡，袁某、李某2人受重伤，已送往××医院全力抢救，目前仍然没有脱离生命危险，赵某、孙某、王某、周某、吴某、范某等6人受轻伤，车辆严重受损。

二、现场办理状况

7时15分县交警大队接报后，大队长蒋××带领大队民警赶到现场，××县委、县政府高度重视，立即启动重特大道路交通事故应急预案，县公安局、安监、卫生等部门负责人迅速赶到现场，研究安排事故处理工作，全力抢救伤员。××市副市长朱××、省交警总队交管处林××、市交警支队周××相继赶到现场，指挥救援及现场勘查工作。现场成立了事故处理工作组，县委书记唐××负总责，下设伤员救治、群众思想工作、现场调查取证及善后处理三个工作小组，分工负责。由于组织有序，指挥得力，死伤者家属情绪基本稳定。

三、事故原因分析

经现场初步勘查，与部分乘客交谈了解的情况看，此次事故的主要原因是：

（一）疲劳驾驶。乘客反映，从18日20时开始，司机一人连续驾车至事发地点，中途没有别的司机轮换，司机也没有休息，一人连续驾驶10小时40分。连续驾车超过4小时未停车休息或者停车休息时间少于20分钟，视为疲劳驾驶。该事故司机一人连续驾驶的时间是疲劳驾驶时间的近3倍，可见司机当时疲劳的程度。

（二）弯道超车。（略）

（三）超员载客。（略）

（四）路面管控不力。（略）

以上违规行为和不安全因素综合在一起，直接导致此次特大道路交通事故。

四、防范事故措施

为深刻吸取"1·19"特大道路交通事故教训，预防和避免道路交通事故，确保春节道路安全、畅通，按照支队党委会议精神和《关于进一步做好春运期间道路交通安全工作的紧急通知》要求，大队及时组织学习，制定了防范措施。

（一）抓重点车辆管理。（略）

（二）抓重点路段管理。（略）

（三）抓道路隐患排查。（略）

（四）抓交通秩序整治。（略）

××县公安局（印）

20××年1月××日

【赏析】这是一份发生事故的情况报告。正文叙述了事故简要经过、现场办理状况、事故原因分析、防范事故措施。文章内容完备，逻辑清楚，层次分明。

例三

<h3 align="center">××市人民政府关于治理××江水质污染问题的报告</h3>

××省人民政府：

3月20日的××省人大委员会提出的《关于××市××江水质污染状况的报告》收悉。经调查研究，现对报告中提到的问题答复如下：

一、水质污染的原因

我市××江水质污染的主要原因是工业污染。市区沿江有大小企业150多家，每天大约有2.5万吨废水排入××江。这些废水经检验均不同程度含有毒物质，其中玻璃厂、冶炼厂、农药厂的污染最为严重。此外，工厂烟囱的大量煤灰、黑烟落入江中也是造成水质污染的一大原因，其中又以红砖厂、炼锡厂、造纸厂的最为严重。

二、治理措施

针对上述情况，我们正采取以下治理措施：

（一）建一个年污水处理量800万吨的污水处理厂。该项目已经市人大会议审议通过，计划投入2 500万元资金，今年8月开工，明年6月可投入使用。

（二）将一些污染严重、经济效益不好的企业实行"关、停、并、转"政策，对一些虽污染严重但效益好的企业进行厂房设施的改建、改造，以减少废水煤烟的排放量。

总之，我们将从思想上重视，措施上得力，努力实现我市"蓝天、碧水"的环保目标。

特此报告

××市人民政府（印）

20××年3月28日

【赏析】这是一则答复报告，是根据上级机关的询问而作出的回答。第一段，简述来文询问的事项，并过渡到正文。第二段、第三段是按照上级的所问所做的回答，先说水质污染原因，然后说解决问题的措施。结尾使用了专门的结尾语。

七、病文诊断

关于××高速公路塌方事故的报告

××市建设委员会：

20××年×月×日，××高速公路××路段发生塌方事故，造成一定的伤亡后果。事故发生前，桥面上分散有二三十名工人，已浇筑了近200立方的混凝土，而且违章施工，按照施工程序应分两次浇筑的混凝土却一次浇筑，估计事故原因是桥面负荷过重。事故发生后，近200名消防员、工地工人、公安干警到现场紧张抢救，抢救时间持续近28小时。据查，该工程承建商是××市市政总公司第一分公司。

特此报告

××市政工程总公司（印）

20××年×月××日

【诊断】

本文是一篇情况报告，存在的问题如下：

（1）事故伤亡情况不清。文中只说了"造成一定的伤亡后果"，没有直接说出伤多少、亡多少、经济损失多少，这些事实不明，无法说明事故的严重性，对作出处罚也缺少必要的依据。

（2）事故原因不明。文中说"估计事故原因是桥面负荷过重"，事故原因不能用估计，应实事求是进行分析，找出事故的原因。

（3）事故责任人不明。为何会违反规定操作，主要原因何在，相关的责任人是谁，都应作出明确的交代。

（4）缺少处理意见及整改措施。

（5）全文结构条理不清。可以按照事故简介—事情经过及抢救情况—事故分析—措施或建议（处理意见）等顺序进行书写。

【修改参考文稿】

关于××高速公路塌方事故的报告

××市建设委员会：

××××年×月×日9时54分，××高速××路段发生塌方事故，造成死亡2人、重伤3人、轻伤12人的严重后果，直接经济损失达人民币×××万元。事故发生后，当地消防指战员、工地工人近 200 多人闻讯赶到现场救援，将受伤同志及时送往就近医院抢救，目前伤者均无生命危险。

据查，这次事故的主要原因是工人违章施工所致。按照施工程序 200 立方米的混凝土应分两次浇筑，即先浇筑 100 立方米，凝固后再浇筑 100 立方米，而施工单位指挥方××违背规定让工人一次浇筑 200 立方米混凝土，当时桥面上有二三十人在施工，致使桥面负荷过重，造成坍塌，酿成事故。

××高速××路段是由××市市政工程总公司第一分公司承建的，这次事故的发生，说明我们对工程施工安全工作抓得不力，管理不严。为使公司全体职工从这起严重事故中吸取教训，总公司于×月×日召开大会提出了搞好安全生产的紧急措施。要求各部门、各单位必须树立安全第一的思想，把安全工作放在首位，每个干部职工都应本着对国家、对人民极端负责的态度，严格执行规章制度和操作规程，以防类似事故再次发生。

经公司研究，决定给予市政工程总公司第一分公司总经理×××行政记过处分；给予……

特此报告。

××市市政工程总公司（印）

××××年×月×日

八、参考模板

工作报告模板

结构模板	文字模板
标题	×××× （单位）关于××××× （事由）的报告
主送机关	×××××：
正文 　工作的基本过程和总体评价 承上启下语 主要成绩	×××××××××× ，×××××××××× （背景、依据）。在××××× ××× 领导下，工作××××× 进展得比较顺利，取得了×××××× （基本情况和总体评价），现将此项工作汇报如下： 　　一、主要成绩（经验） ××××× 。×××××× ，××××××× 。 　　……
存在问题	二、存在问题 ××××× 。×××××× ，××××××× 。 　　……
改进措施	三、今后改进意见 ××××× 。×××××× ，××××××× 。 　　……
结尾语	特此报告，请审阅。
落款	×××××××× （印） 　　　　　　　　　　××××年×月×日

情况报告模板

结构模板	文字模板
标题 主送机关 正文 　概述事故 　情况 　承上启下语 　事项 落款	××××（单位）关于×××××（事由）的报告 ×××××： 　　×月×日，我单位发生了一起×××××××事故。××××××××× （事故的背景、事故的基本情况，包括事件发生的时间、地点及造成的损失）。现 将此项工作汇报如下： 　　×××××××。×××××××，×××××××（对事故的救助活动 情况）。 　　×××××××。×××××××，×××××××（分析事故的起因）。 　　×××××××。×××××××，×××××××（处理事故的做法、 措施）。 　　×××××××。×××××××，×××××××（对事故责任人的处理）。 　　×××××××。×××××××，×××××（教训或者表态）。 　　　　　　　　　　　　　　　　　　　　×××××××××（印） 　　　　　　　　　　　　　　　　　　　　×××年×月×日

答复报告模板

结构模板	文字模板
标题 主送机关 正文 　答复的缘由 　承上启下语 　回答上级单位 　询问事项 落款	××××（单位）关于×××××（事由）的报告 ×××××： 　　前接××××，询问我局（单位）关于×××××的情况，现答复如下： 　　×××××××，×××××××，×××××××××（回答 事项）。 　　………… 　　　　　　　　　　　　　　　　　　　　×××××××××（印） 　　　　　　　　　　　　　　　　　　　　×××年×月×日

✦ 任务实施

根据"任务导入"完成以下任务。

1. 填写和撰写报告的相关要素

名称	内容要素	拟写"任务导入"中各要素内容	位置
标题			
主送机关			
正文（答复、 情况、工作 三种报告）			
落款			

2. 独立完成"任务导入"中的报告写作

3. 分析、修改撰写的报告

任务拓展

改一改

下列是××学校给××市总工会的关于工会干部有关待遇的报告，试分析文稿存在的问题。

关于我校工会干部有关待遇的报告

市总工会并××主席：

我校工会干部待遇向来不错。其中由教师兼任的基层工会主席每年可减免 40 学时；部门工会主席可享受行政副职待遇，如果是教师每年可减免 30 学时；校级和部门工会委员每年可减免 30 到 15 学时。

××学校工会（印）

××××年×月×日

写一写

根据下面提供的材料，请以××市市场监督管理局的名义向××省商务厅起草一份公文。

1. ××××年 2 月 20 日上午 9 时 20 分，××市××百货大楼发生重大火灾事故。

2. 事故发生后，未造成人员伤亡，但烧毁三层楼房一幢及大部分商品，直接经济损失达 792 余万元。

3. 施救情况：事故发生后，市消防队出动 15 辆消防车，经过 4 个小时扑救，火灾才被扑灭。

4. 事故原因：直接原因是电焊工×××违章作业，在一楼焊铁窗架时电火花溅到易燃货品上引起火灾。但也与×××百货大楼管理及员工安全思想模糊、公司制度不落实、许多安全隐患长期得不到解决有关。

5. 善后处理：市市场监督管理局副局长带领有关人员赶到现场调查处理；市政府召开紧急电话会议；市委、市政府对有关人员视情节轻重，做了相应处理。

任务导入

小王是××职业技术学校办公室新招聘的文员。学校班主任老师准备到××市职教中心学校学习班级管理，办公室主任让小王给对方学校发一份函。小王应怎样拟稿？对方应如何回复？

任务要求

1. 了解函的适用范围、种类和特点。
2. 掌握函的结构与写法。
3. 能根据相关要求独立撰写函。

任务准备

一、函的适用范围

函适用于不相隶属机关之间商洽工作、询问和答复问题、请求批准和答复审批事项。

二、函的种类

（1）商洽函。即不相隶属机关之间商洽工作，联系有关事宜的函。

（2）询答函。即不相隶属机关之间相互询问和答复有关具体问题的函。询答函实际上又可分出"询问函"和"答复函"。有些不明确的问题向有关机关和部门询问，用询问函。对机关和部门所询问的问题做出解释答复，用答复函。

（3）批请函。即用于不相隶属机关之间请求批准和答复审批事项的函。批请函实际上又可以分为"请批函"和"审批函"。请批函用于向不相隶属的主管部门请求审批事项，而审批函则用于主管部门答复不相隶属机关单位的请批事项。

（4）告知函。即告知不相隶属机关有关事项的函。

三、函的特点

1. 沟通性

函对于不相隶属机关之间相互商洽工作、询问和答复问题，起着沟通作用，充分显示平行文文种的功能，这是其他公文所不具备的特点。

2. 灵活性

函的灵活性表现在两个方面：一是行文关系灵活。函是平行文，但是它除了平行行文外，还可以向上行文或向下行文，没有其他文种那样严格的特殊行文关系的限制。二是格式灵活。除了国家机关的主要函必须按照公文的格式、行文要求外，其他一般函比较灵活。可以有文头版，也可以没有文头版，不编发文号，甚至可以不拟标题。

四、函的结构与写法

1. 标题

标题由发文机关、事由、文种三部分组成，如"××中学关于询问职业考核鉴定的函"。

2. 主送机关

在标题下空一行顶格写明收文机关的全称或规范化的简称，其后用冒号。

3. 正文

函的正文先说明发函的根据、目的、原因等，然后交代发函事项，最后用函的结束用语。缘由要简明扼要，事项要求一文一事，结尾一般用"特此函达""盼复"等固定结语。

4. 落款

在正文的右下方写明发文机关、发文日期并加盖公章，署名用全称，发文日期用阿拉伯数字。

五、函写作注意事项

1. 注意请批函与请示的区别

向有隶属关系的上级机关请求指示、批准事项用请示；而向没有隶属关系的业务主管机关请求批准有关事项，则用请批函。

2. 用语谦和，讲究分寸

不论什么类型的函，用语都要注重谦和有礼，尊重对方。适当使用谦辞、敬辞，如称对方常用"贵"。对主管部门要尊重、谦敬，对平级单位要友善，对级别低的单位也要平和、不生硬，不使用命令的语言。

3. 事项单一

函的行文必须一文一事，不能一文数事。

六、范文欣赏

 例一

××市教育局
关于要求批准教育系统202×年第四批政府采购项目计划的函

××市财政局：

根据采购有关规定，202×年起采购项目要列入年度预算，现按要求，我局对教育系统各单位的202×年第四批采购计划进行汇总上报，采购预算总金额1 781.627万元。

请贵局予以批准为盼。

附件：202×年××市教育系统第四批政府采购项目计划表

××市教育局（印）

202×年9月30日

【赏析】这是一份请批函。××市财政局与××市教育局没有隶属关系，因此，请求批准项目不能用请示，而应用函行文。正文开头写了请批的缘由，接着写了请求的金额，数额写得明确具体，最后以"请贵局予以批准为盼"作为函的结束用语，语言得体，言简意赅，理据充分。

 例二

政协××市委员会办公室
关于商请协助对天然林保护情况开展调研的函

××市林业局：

为了贯彻执行《××市生态文明建设纲要》的有关精神，促使我市天然林健康、可持续发展，推进我市生态文明建设，市政协拟派工作组一行五人赴贵局开展天然林保护情况调研。现将调研有关事宜函商如下：

一、调研内容

（一）天然林保护方面的现状，如天然林在生态建设中的作用，政府对天然林保护问题重视情况及今后需要出台的保护政策。

（二）天然林保护方面存在的问题，如天然林资源培育、补偿、养护、利用和管理等情况，目前我市木材加工企业（其中纤维板企业）年消耗木材量，对上述问题的建议、意见。

（三）加快天然林资源的生态功能恢复与重建问题，对位于自然保护区、生态公益林区、商品林区、阔叶林区等不同区域中的天然林应采取何种保护措施。

（四）与先进地区保护天然林相比，我市存在哪些差距，其他地方有什么可借鉴的经验。

二、调研行程安排

调研组拟于20××年10月10日（星期五）下午2:45到贵局听取我市天然林保护问题的情况介绍，并请提供书面材料。

三、调研组人员

（一）调研组组长：市政协副主席、民革市委会主任叶××。

（二）调研组成员：市政协委员傅××、章××、黄××、彭××、何××。

特此函商，并希见复。

政协××市委员会办公室（印）

20××年10月4日

联系人：黄××，联系电话：×××××××

【赏析】这份函结构完整，发函的目的明确，通过承上启下语引出事项，事项条理清楚。

 例三

国务院办公厅
关于同意建立国务院优化生育政策工作部际联席会议制度的函

国家卫生健康委：

你委《关于建立国务院优化生育政策工作部际联席会议制度的请示》（国卫人口报〔2022〕86号）收悉。经国务院同意，现函复如下：

国务院同意建立由国务院领导同志牵头负责的国务院优化生育政策工作部际联席会议制度。联席会议不刻制印章，不正式行文，请按照党中央、国务院有关文件精神认真组织开展工作。国家卫生和计划生育委员会计划生育兼职委员制度同时撤销。

附件：国务院优化生育政策工作部际联席会议制度

国务院办公厅（印）

2022年7月28日

【赏析】这是一份答复性函。国务院办公厅与国家卫生健康委没有隶属关系，所以国务院办公厅在回复国家卫生健康委关于建立国务院优化生育政策工作部际联席会议制度的请求时用函行文。正文开头引述对方来文的标题及发文字号，以作复函的缘由，继而用"经国务院同意，现函复如下"一语过渡到事项部分。事项部分表明态度，同意国家卫生健康委的请求，同时提出了要求。文章针对性强，表述严谨，行文规范。

七、病文诊断

××大学校长：

首先让我们以××电子工业学校的名义，向贵校表示衷心的感谢。感谢你们为我校办学给予的大力帮助。目前我校又面临一个很难解决的问题。

事情原来是这样的：我校开办不久，师资力量很差，决定派××位年轻教师进修一年。我校与贵校有关部门多次商量。但××位年轻教师进修住宿问题，至今也没有得到解决。提高教学质量的关键是师资。为提高我校教师质量，恳请贵校设法解决我校进修教师的住宿问题。贵校府高庭阔，物实人济，且具宽大为怀、救人之危的美德。以上区区小事，谅贵校不难解决。我们不知贵校还有什么实际困难，如果这些困难我校能帮助解决的话，就尽量提出，我校会竭力去办。再说一句，贵校如能解决我校进修教师的住宿问题，我们以我校领导的名义向贵校领导深深地表示谢意。万望函复。

××电子工业学校

202×年×月×日

【诊断】这是一份商洽性函。主要存在以下问题：

(1) 没有标题。应加上标题"关于请求解决我校进修教师住宿问题的函"。

(2) 抬头不对。应改为"××大学"，公函不能直接送给领导个人。

(3) 没能开门见山、直叙其事。文章应直截了当地把发函的缘由说清楚，然后再说明请求对方办理的事项。可是，它却连续用了两句"感谢"之语，又说"面临一个很难解决的问题"，但又不说出来，后面又写了一句"事情原来是这样的"，才开始转入正题。

(4) 语言啰唆，也欠得体。除了开头欠简明外，后面的"贵校府高庭阔，物实人济，且具宽大为怀、救人之危的美德。以上区区小事，谅贵校不难解决"，过于"文雅"，语言风格与前后文不一致，还有"曲意逢迎"或"嘲讽对方"之嫌，纯属多余。后面又问对方有什么困难，最后再以"表示谢意"之类的话结束，东弯西绕，节外生枝，整篇文章显得烦冗、啰唆。

(5) 公函要加盖公章。

【修改参考文稿】

××电子工业学校
关于请求解决我校进修教师住宿问题的函

××大学：

  首先，感谢贵校给予我校办学的大力帮助与支持。现又有一项困难希望贵校帮助解决：我校已派××位年轻教师到贵校进修了一年，虽然与贵校有关部门多次协商，但不知何故，他们的住宿问题至今尚未解决。恳请贵校早日予以解决。如确有困难，需要我校协助的话，请尽量提出。

  不知妥否？万望函复。

××电子工业学校（印）

202×年×月×日

八、参考模板

去函模板

结构模板	文字模板
标题	××××（单位） 关于商洽×××××（事由）的函
主送机关	×××××：
正文 发函的依据、目的 承上启下语 事项 希望、要求	×××××××××，××××××××××（依据、缘由）。为了××××××××××，现函洽（函请，函告）如下： ×××××××××，××××××××，×××××××××（函告事项）。 如蒙同意（如蒙概允，如可行），请函复（请函批，请函告）（要求、希望）。
落款	×××××××××（盖章） ××××年×月×日

复函模板

结构模板	文字模板
标题	××××（复函单位） 关于×××××的函
主送机关	××××：
正文 引述来函 承上启下语 事项	贵公司（贵方）《关于商洽×××××的函》（××××〔201×〕××号）收悉。经研究，现函复如下： 一、××××××××××，×××××××××××××（事项）。 二、××××××××××，×××××××××××××（事项）。
结尾	特此函复（特此函批）。
落款	×××××××××（盖章） ××××年×月×日

任务实施

根据"任务导入"完成以下任务。

1. 填写和撰写去函的相关要素

名称	内容要素	拟写"任务导入"中各要素内容	位置
标题			
主送机关			
正文			
落款			

2. 填写和撰写复函的相关要素

名称	内容要素	拟写"任务导入"中各要素内容	位置
标题			
主送机关			
正文			
落款			

3. 独立完成"任务导入"中的去函和复函写作

4. 分析、修改撰写的去函和复函

任务拓展

改一改

根据函的要求，修改下面一份函。

××省体育运动××会关于询问比赛的函

××市体委：

全省农民运动会各项目的比赛分散在各地举行，拟让你委承办篮球、田径两项目的比赛。能不能承办，请于8月5日前答复。

××省体育运动××会
二〇二×年七月二十三日

写一写

请根据下列资料，代××市发展和改革委员会拟写一份调整本市出租车燃油附加费有关事项的函。

1. 出租车燃油附加费标准调整为1.00元/运次，加收范围仍为乘距超过基价公里（3公里）乘客。

2. 主送单位：××市交通委运输管理局。

3. 请贵局做好政策实施前后的配套工作，加强政策宣传解读和培训工作，组织出租车企业及时更换燃油附加费标识，确保政策平稳实施。

4. 发文字号：×发改〔202×〕3××号。

5. 同时，进一步加强运营服务质量监管，规范驾驶员运营行为，切实提升本市出租车行业服务水平和质量。

6. 为疏导油价上涨对出租车行业的影响，经研究，并报市政府批准，现将有关事项函复如下。

7. 发文时间是202×年2月28日。

8. 出租车燃油附加费标准自202×年3月1日起调整。

9. 专此函复。

10. 贵局《关于商请启动出租汽车租价与油价联动机制相关措施的函》（×交运函〔202×〕12号）收悉。

✦ 项目概述

　　财经文书是在经济活动中形成和发展的，为现实经济生活服务的，具有特定惯用格式的应用文书。

　　通过本项目的学习，学生应了解经济合同、经济新闻、产品说明书、商业广告的相关知识，能够正确地拟写经济合同、经济新闻、产品说明书、商业广告。

✦ 学习目标

能力目标

　　1. 能形成财经文书的写作思路。

　　2. 能独立完成经济合同、经济新闻、产品说明书、商业广告的写作。

知识目标

　　1. 了解经济合同、经济新闻、产品说明书、商业广告的相关知识。

　　2. 掌握经济合同、经济新闻、产品说明书、商业广告的结构与写法。

素养目标

　　1. 培养分析处理信息、加工素材的能力。

　　2. 树立良好的规则意识、法律意识、市场意识、竞争意识，增强就业竞争力。

　　3. 培养职业态度、职业情感、职业意识和职业素养。

任务一　经济合同

任务导入

　　吴亮是酒店管理专业二年级学生。2023 年 7 月，吴亮与同班另外两位同学去某酒店应聘。岗位有前台服务、客户服务、餐饮服务等，顺利通过面试后，酒店给他们三人出示了用工合同。三人对合同条款仔细阅读后，一致同意。其中特别令人满意的是"月薪 2 500 元""免费提供食宿"，三人欣然签订了合同。合同签订后，酒店要求每人先付 300 元押金，并开具了"合同违约金"的收据。次日，三人就参加了为期 3 天的短期培训。培训后第一天，三人穿上酒店员工制服，从上午 8 点一直工作到晚上 10 点，中间只有短暂的"快餐"时间。工作内容是擦地板、刷盘子。第二天，第三天，一切照旧。第四天，三位同学商量决定不干了。他们找到主管要求退还 300 元押金，却被告知是他们先违约，300 元不予退回。请你代酒店拟写这份用工合同。

任务要求

　　1. 了解经济合同的含义、种类和特点。
　　2. 掌握经济合同的结构与写法。
　　3. 能根据相关要求独立撰写经济合同。

任务准备

一、经济合同的含义

　　合同，通常也叫合约或契约。合同是平等主体的自然人、法人、非法人组织之间设立、变更、终止民事权利义务关系的协议。

经济合同是双方或多方当事人为了实现一定的经济目的，通过协商，明确相互权利与义务而共同订立的一种具有经济关系的协议，是当事人表示见解一致的法律行为。

二、经济合同的种类

按形式分：有条款式合同、表格式合同和条款表格混合式合同。

按期限分：有长期合同、中期合同和短期合同。

按内容分：有购销合同、建筑工程承包合同、加工承揽合同、货物运输合同、供用电合同、仓储保管合同、财产租赁合同、借款合同、财产保险合同等。

三、经济合同的特点

1. 合法性

经济合同是当事人以法律为依据而达成的协议，签订后就具有法律效力，受到法律保护。签订经济合同必须在遵守国家有关法律、法规的前提下进行，不得有损于国家和社会公共利益。

2. 合意性

经济合同是双方当事人意思表示一致而达成的协议，不是单方面的意思表示。

3. 平等性

签订经济合同的双方当事人处于平等地位，权利和义务对等，不因当事人经济成分性质、经济实力的不同而形成双方法律地位上的高低差异。

4. 有偿性

签订经济合同的双方当事人在为实现一定的经济目的、明确相互权利义务时，必须遵循"服务有偿、等价交换"的原则，彼此既要享受各自权利，也要履行各自义务。

5. 统一性

经济合同的书面形式较为统一、固定，其内容的构成、前后顺序都有一定要求。

四、经济合同的结构与写法

经济合同的格式分为表格式、条款式、条款表格混合式。不论哪种格式，一般都有标题、立合同人、正文、附则、落款五部分。

1. 标题

一般由事由加文种组成，主要用于提示合同的性质，如"购销合同""建筑工程承包合同"等。

2. 立合同人

写明签订合同双方或多方单位名称和住所。为使行文方便，一般在括号中注明"甲方""乙方"或"供方""需方"。

3. 正文

正文包括签约缘由和主体。

签约缘由写出订立合同的目的和依据等，常用的写法是："为了……，经双方协议，特订如下条款，以资共同遵守。"

主体，即双方协议的内容。主体部分要逐条说明双方共同确认的权利和义务，按《中华人民共和国民法典》的规定，经济合同应具备以下主要条款：

（1）标的。

标的是经济合同双方当事人权利义务共同指向的对象，是双方当事人确立权利义务关系的基础。标的要写全称，型号、规格要写清楚。经济合同的标的一般指货物、劳务或智力成果。

（2）数量和质量。

数量和质量是标的的具体化。数量是标的的计量，是衡量签约双方权利和义务大小的尺度。在经济合同中，数量应按国家度量衡制来表示，并且必须准确、清楚。

质量是指产品和劳务的优劣程度，是标的内在素质和外观形态的综合指标，包括质量的标准成分、含量、纯度、规格、型号、品种、重量、性能、不合格率等。在经济合同中，对质量的要求必须精确、具体，要尽量采用国际或国家标准。如果没有国际或国家标准，则采用专业标准，如果专业标准也没有，可由合同当事人双方协商确定。

（3）价款或者酬金。

价款或者酬金是当事人一方取得对方产品、接受对方劳务或智力成果所支付的代价，通常以货币表示。以实物为标的的叫"价款"，以劳务为标的的叫"酬金"，统称"价金"。价金是标的的货币表现，它的制定要符合国家法律、政策的规定。

（4）履行期限、地点和方式。

期限是指经济合同履行的时间要求，即合同的有效期限与合同履行期限。履行期限有一次履行期和分期履行期两种。到期不履行即为逾期。期限规定必须明确、具体。

地点是指履行经济合同即交付、提取标的的具体地点。在合同中应明确具体规定履行地点，以便按约定地点顺利履行合同。

方式是指当事人履行义务的具体方法。一般说来包括标的的交付方式和价金的结算方式。

（5）违约责任。

违约责任是指当事人不履行合同规定的义务所负的经济责任和法律责任。违约责任的主要内容是违约金。违约金具有惩罚和补偿的双重性质。

（6）解决争议的方法。

当事人在合同履行的过程中发生争议的情况下解决争议的方法。

除了以上主要条款，根据不同经济合同的特殊需要以及当事人提出的要求，还有必要对一些事项作出规定或列出专用条款加以具体表达和说明。

4. 附则

附则包括经济合同的有效期、文字形式及份数、保管、报送单位、签订的时间、地点和经济合同的补充办法。经济合同有正本、副本之分。合同的正本一般为一式两份；副本按签约双方的需要而定，份数可多可少。与经济合同有关的表格、实样、图纸等，一般则作为经济合同的附件。

5. 落款

落款由署名、盖章和日期构成。署名应写全称，并盖公章。经公证机关公证的经济合同，要注明公证机关名称及公证人姓名，并盖章、签字。最后在右下方写明合同签订的日期。

五、经济合同写作注意事项

（1）合同的条款要齐全、完备。双方的权利、义务以及其他条款力求完备、周详。

（2）合同的规定要具体。合同是一项规定双方当事人权利义务的法律文书，是执行的依据，因此，合同条款的规定必须做到具体、明确、毫不含糊。如在购销合同中，产品是按日、按月、按季交货，按什么标准交货，是自提、送货还是代运等都应在合同中具体地规定清楚。

（3）合同的措辞要准确、严密、简练。合同中表述的语言必须明白无误，没有歧义，类似"大概""估计""尽量"之类的字眼在合同中不能使用。

（4）合同不得随意涂改。经济合同一经签订，即可生效。任何一方不得随意改动，如需修改、补充或更正，必须经过双方协商，将协商一致的改动意见作为合同的附件，加以正式签署才有效。

六、范文欣赏

 例

工程承包合同

立合同人：××市××区××局（以下简称甲方）

××市建筑工程队（以下简称乙方）

经双方协商，签订以下条款，以资共同遵守。

一、施工地点：××区××街。

二、施工项目及面积：全部工程混合二层为 500 平方米，拆除原旧房共 400 平方米。

三、施工日期：2024 年 2 月下旬开工，同年 11 月 15 日前完工。

四、工程造价：全部造价为 30 万元，拆房费用为 10 万元。

五、承包方式：新建工程按××××年××市建委工程预算定额规定编制预算、结算，乙方包工包料。

六、拨款办法：签订合同后甲方按工程预算总额预付给乙方备料款 30%，以后按工程月进度拨款，达到 80% 时起，乙方应退回甲方供料款，剩余 5% 待完工后交付甲方使用一个月内结清。

七、材料供应：由甲方供应材料，所有材料如发生差价，由甲方负责。

八、施工前准备工作：拆除旧房。施工用电，架设临时动力线均由乙方办理。

九、工程质量：全部工程质量必须符合市建委规定的质量验收标准。

十、施工中如有变更项目，另行协商，编制增减预算，纳入结算。

十一、奖罚办法：每提前一天完工，按总造价 0.02% 发给奖金，逾期一天，也按总造价 0.02% 罚款。

十二、本合同正本两份，甲乙方各执一份。副本四份。送甲乙双方业务主管部门各一份；公证处、××市建设银行各一份。

建设单位　　　　　　　　　　　　施工单位

××市××区××局（章）　　　　　××市建筑工程队（章）

负责人：×××（签名）　　　　　　负责人：×××（签名）

联系人：×××（签名）　　　　　　联系人：×××（签名）

2024 年 1 月 5 日

【评析】这是一份条款式合同，写得简明、具体、完备。正文对工程标的、履行地点、履行日期、工程价款或酬金等的表述明确，也明确了违约责任。附则部分也说得很清楚。

七、病文诊断

购销合同

签订日期：2023 年 5 月 25 日

需方：××轻工进出口公司

供方：永乐不锈钢制品厂

品名	规格型号	牌号	计量单位	数量	单价	金额（万元）
餐具	不锈钢	红星牌	打	54 万	6	324

一、交货时间和地址：按季度交货，供方按需方指定地点交货。

二、交货方式及费用负担：供方将货交需方指定地点，费用由双方负担。

三、包装：包装由供方负责，适合海洋长途运输。

四、验收：供方每批交货前通知需方，按每批交货数量的 5% 抽验，如有问题开箱加倍抽验，再有问题需方拒绝收货。

五、数量超欠幅度：均在 5% 以内。

六、结算期限和方式：供方将货交到指定仓库后，持需方结算凭证结算。

七、违约责任：按国家有关规定执行。

本合同有效期自 2023 年 3 月 25 日起至 2024 年 10 月 30 日止。本合同各执正本一份，副本若干份。

需方：（盖章）××××　　　　　　　　供方：（盖章）××××

代表人：（签字）××　　　　　　　　代表人：（签字）×××

开户银行：××××　　　　　　　　　开户银行：××××

账号：××××××　　　　　　　　　账号：××××××

电话：××××××　　　　　　　　　电话：××××××

地址：××××　　　　　　　　　　　地址：××××

【诊断】

（1）合同签订日期可以放在最后。

（2）合同具体的条款写得不明确，不具体。

①标的中"计量单位"应为"个"；"单价"应标出"元"。

②交货时间和地址应具体写明。

③交货方式及费用负担中，"供方将货交需方指定地点"中指定地点应明确，费用负担额度应写明。

④适合海洋长途运输的包装有多种，应具体写明，以免发生歧义。

⑤结算期限和方式不够具体。

⑥违约责任应写明国家哪一方面的规定。

⑦合同有效时间不能早于合同签订日期。

⑧正本由谁收执、副本具体多少份应具体写明。

【修改参考文稿】

购销合同

需方：××轻工进出口公司

供方：永乐不锈钢制品厂

品名	规格型号	牌号	计量单位	数量	单价（元）	金额（万元）
餐具	不锈钢	红星牌	个	54万	6	324

一、交货时间和地址：供方按季度交货，交货地址为××轻工进出口公司××仓库（具体门牌号）。

二、交货方式及费用负担：供方将货交至上述地点，费用由双方各负50%。

三、包装：包装由供方负责，出口木箱包装。

四、验收：供方每批交货前通知需方，按每批交货数量的5%抽验，如有问题开箱加倍抽验，再有问题需方拒绝收货。

五、数量超欠幅度：均在5%以内。

六、结算期限和方式：供方将货交到指定仓库后，需方凭供方增值税发票付款，付款期限为需方接到供方增值税发票后10日内承付。

七、违约责任：按国家《×××××××》的规定执行。

本合同有效期自2023年5月25日起至2024年10月30日止。本合同一式三份，双方各执一份，鉴证机关一份。

需方：（盖章）××××　　　　　　　　供方：（盖章）××××

代表人：（签字）××　　　　　　　　代表人：（签字）×××

开户银行：××××　　　　　　　　　开户银行：××××

账号：××××××××　　　　　　　账号：××××××××

电话：××××××××　　　　　　　电话：××××××××

地址：××××　　　　　　　　　　　地址：××××

签订日期：2023年5月25日

八、参考模板

结构模板	文字模板
标题 立合同人	××合同 立合同人：×××××××（以下简称甲方） 　　　　　×××××××（以下简称乙方）
正文 　签约缘由 　主体	根据××××××××××××××××××，经协商一致，特签订以下条款（目的、根据、背景）。 　　1.××××××××××××××××，××××（标的）。 　　2.××××××××××××，××××××（数量和质量）。 　　3.×××××××××××××××××，×××××××（价款或者酬金）。 　　4.××××××××××××××，×××××××，×××××（履行期限、地点和方式）。 　　5.××××××××××××××，××××××（违约责任）。 　　6.××××××××××（解决争议的方法）。

续表

结构模板	文字模板
附则	7.×××××××××××××××，××××××××××（合同份数、保管及有效期限等）。
落款	甲方：　　　　　（盖章）　　乙方：　　　　　（盖章） 甲方代表：　　　（签名）　　甲方代表：　　　（签名） 　　　　　　　　　　　　　　　　　　　　　年　　月　　日

任务实施

根据"任务导入"完成下列任务。

1. 填写和撰写经济合同的相关要素

名称	内容要素	拟写"任务导入"中各要素内容	位置
标题			
立合同人			
正文			
附则			
落款			

2. 独立完成"任务导入"中的经济合同写作（可虚构）

3. 分析、修改撰写的经济合同

任务拓展

改一改

试指出下面经济合同中存在的问题，并进行修改。

立合同人：××化工厂第二车间（甲方）

××市第二建筑公司生产科（乙方）

为建筑××化工厂第二车间东厂房，经双方协商，订立本合同。

- 甲方委托乙方建造东厂房一座，由乙方全面负责建造。
- 全部建筑费用（包括材料、人工）壹拾叁万元。
- ××化工厂在订立合同后先交一部分建造费，其余在东厂房建成后抓紧归还所欠部分。
- 期待乙方筹备就绪后立即开始施工，力争三月中旬开工，争取十一月左右完成。
- 建筑材料由乙方全面负责筹备。
- 本合同一式二份，双方各执一份。

立合同人：

××化工厂第二车间（公章）

主任：×××（私章）

××市第二建筑公司生产科（公章）

科长：×××（私章）　××年×月×日

写一写

下面是一份经济合同，请仿照条款式经济合同的写法，将它整理成一份格式、结构规范的经济合同。

购销合同

立合同人：北京××果品公司（甲方）、烟台××果园（乙方）

为了发展经济繁荣市场，互通有无，甲方向乙方订购一批红富士苹果，双方经协商一致，订立以下合同共同信守。本合同一式三份，甲乙双方各执一份，鉴证机关一份。本合同自签订之日起生效，至合同义务履行完毕自行失效。乙方向甲方提供当地产红富士苹果1万千克，其中一、二级品各半，允许超欠5％。发货后乙方应用电话或电报、电传通知甲方。如掺杂假货、以次充好，甲方有权拒收，乙方同时应向甲方偿付该批货款总值25％的违约金。乙方于摘果后立即装箱，不同等级分箱包装（内容调整），代办托运。包装箱用纸板箱，每箱10千克，每只苹果用蜡纸或塑料袋包裹。火车托运，货到北京后由甲方提运。

价格按当时牌价和到货数量、质量由乙方押运人员和甲方面议。甲方过秤验收后，应于运输部门发出提货通知后的 10 天内，通过银行托收承付方式，支付全部费用，含货款、运费、包装箱费。

在正常情况下，乙方不交或少交货物，处以未交量价款总值 15% 的违约金。在未经协商一致情况下，甲方拒收，处以拒收量价款总值 25% 的违约金；逾期付款，按中国人民银行延期付款的规定，向乙方偿付违约金。

由于不可抗力造成的数量、质量不符合合同规定的，经有关部门确认，不以违约论处。

甲方：

签章、电话、开户银行、账号、地址等（略）

乙方：

签章、电话、开户银行、账号、地址等（略）

签订地点：山东省烟台市　　　　　　　　签订时间：2022 年 6 月 10 日

鉴证机关：烟台市市场监督管理局

任务二 经济新闻

任务导入

　　媒体报道，中国即将迎来学生集体毕业的"毕业季"，毕业生都想以自己的方式留住校园里的美好记忆，毕业聚餐、旅行、写真等"毕业经济"应时而生且非常火热，有近两成毕业生的毕业花费超过1万元人民币。

　　据媒体报道，学校周边的饭店在每年大学生毕业季，都会迎来"丰收的季节"，大部分学生都选在学校四周的饭店进行毕业聚餐。为了吸引毕业生，一些酒店还打出"凡毕业生订座，满两桌打8.8折，且酒水免费"的广告。

　　一名青岛大学毕业生表示，从5月中旬以来，他每晚都有毕业聚餐，花了不少钱。

　　他说："平时1个月的生活费在1 000元左右，现在到了毕业季我算了算，3 000元都不一定够了。"

　　除毕业聚餐外，旅行和拍摄写真也是毕业生留住大学里美好记忆不可缺少的一部分。

　　中国海洋大学心理健康教育与咨询中心咨询师吴老师表示，大学生毕业季消费是表达同窗情谊的一种方式，有些花费无可厚非，但面子观念、从众心理也免不了对"毕业经济"起到一定推波助澜的作用，因此在这方面的花费必须有个尺度。

　　以上是媒体的报道（略有删减），请你对以上报道拟写标题。

任务要求

　　1. 了解经济新闻的含义、种类和特点。

　　2. 掌握经济新闻的结构与写法。

　　3. 能根据相关要求独立撰写经济新闻。

✦ 任务准备

一、经济新闻的含义

经济新闻是新闻的一种，是指迅速及时地反映经济领域新近发生的、富有社会意义的重要事实的报道。

二、经济新闻的种类

1. 动态新闻

这是使用得最为广泛的一种新闻载体。它及时地报道国内外经济的新动态、新情况、新问题。

2. 典型新闻

这是对经济领域中一定时期内比较突出的单位、人物、事件进行重点报道，并从中引出具有普遍典型意义的经验和教训的新闻文体，它具有较强的针对性和指导性。

3. 综合新闻

这是从各个侧面反映较大范围内或较长时间内的综合经济情况的新闻文体。

4. 评述新闻

评述新闻大多用于对经济形势的分析和展望、对经济动向的研究、对经营经验的总结，也用于对某一重大经济事件的评判。

三、经济新闻的特点

（1）新鲜性。经济新闻的内容要新鲜，应反映经济领域中新近发生的且具有一定社会意义的事。

（2）真实性。真实性是经济新闻的生命。经济新闻中反映的事实必须完全真实可靠，不能夸张，不能虚构。

（3）快速性。快速性是保证经济新闻新鲜性的根本前提。因此，对有经济新闻价值的事实要发现快、采访快，做到分秒必争，抢先一步发表。

（4）简短性。经济新闻不仅要篇幅短小，而且应做到言简而意明、言简而意丰。

四、经济新闻的结构与写法

经济新闻由标题、消息头、导语、主体、背景、结尾六部分组成。

1. 标题

标题是经济新闻的眼睛，它既要概括经济新闻的主要内容，又要醒目、新颖、有趣味。

经济新闻的标题有三种形式：

（1）多行标题。主要是三行标题，即引题、正题、副题。引题又称眉题，其作用一般是介绍背景，烘托气氛，引出正题；正题又称主题，其作用是概括介绍经济新闻的主要内容，或点明经济新闻的中心思想；副题又称辅题，其作用是介绍与正题有关的情况，是对正题的补充。如：

中共中央政治局召开会议（引题）

分析研究当前经济形势和经济工作（正题）

中共中央总书记习近平主持会议（副题）

（2）双行标题。双行标题由引题、正题，或正题、副题组成。经济新闻的正题一般都有实质性内容，因此又称实题；副题和引题一般是对气氛的烘托、意义的阐述，因此又称虚题。双行标题一般是虚实结合、彼此呼应、互为补充。如：

在 36 地启动实施，开户人数已超 1 700 万（引题）

个人养老金业务如何办理？（正题）

又如：

坚定信心，推动经济运行整体好转（正题）

与会同志谈贯彻落实中央经济工作会议精神（副题）

（3）单行标题。单行标题只有正题，这种标题简明、醒目。如：

2022 年新增减税降费及退税缓费超 4.2 亿元

2. 消息头

这是新闻的标志，是新闻发出媒体、地点和时间的交代说明。

消息头各媒介叫法不一，通讯社称电头，报社称"本报讯"，电台、电视台称"本台消息"。

3. 导语

导语，是经济新闻开头的第一句话或第一个自然段。通常用简明的文字概括介绍经济新闻的主要内容，揭示经济新闻的主题，使读者先有一个总的概念。导语的写法很多，但常用的一般有以下几种：

（1）叙述式导语：提纲挈领地叙述经济新闻的主要内容和主要思想。如："今天上午，广州市珠海区召开促进民营经济发展工作会议，会上公布了一连串利好消息和措施。"

（2）描写式导语：对富有特色的事实或有意义的一个侧面，用简练的笔墨进行形象描绘，给读者以鲜明的印象。如："黑色的蒜头、紫色的山药、白色的小黄瓜、墨玉色的西瓜……昨日在郑州国际会展中心开幕的第四届中国·郑州农业博览会暨首届中国农业投资大会，要'给你点颜色看'。许多展出的蔬菜瓜果因为改变了'行头'的颜色而身价不菲，当然它们不仅样子'出色'，营养价值也值得称道。"

（3）结论式导语：首先明确报道对象的性质，点明事件的结果，再回过头叙述事件的经过，以收到吸引读者的效果。如："2022年，上市猪企业绩可谓'冰火两重天'，从预报来看，净赚百亿与亏损百亿并存。"

（4）提问式导语：用疑问句鲜明地提出问题，然后用事实加以回答，引起受众注意。如："办企业为了什么？——是追求最大效益，还是追求最高产量？"

4. 主体

这是经济新闻的主要部分，是对导语的具体化。它承接导语，阐述生动、具体的事实，解释、深化导语所表示的主题思想，或回答导语所提出的问题。主体的结构形式主要有以下三种：

（1）时序结构。按照事件发生、发展的先后顺序安排层次。这样可以使读者对事件的发生、发展过程有一个鲜明的印象。

（2）倒金字塔结构。即按照新闻事实的重要性由重到轻的顺序依次排列。

（3）逻辑结构。即按照某个事物与其他事物的相互关系安排顺序，如因果关系、并列关系、主次关系等。

5. 背景

经济新闻背景是新闻事实的历史、环境和原因的材料，它交代经济新闻事实发生的具体条件与环境，帮助受众完整地理解新闻；它起承前启后的作用，使经济新闻的结构过渡与衔接更加流畅、自然，但单独成篇的例外；它烘托和深化主题，增加经济新闻的知识性和趣味性，增加经济新闻报道的美感；它寄托记者的倾向性。经济新闻背景材料大体分为三种：

（1）对比性背景材料。现在和过去、正面和反面、正确和错误、先进和落后等都可以构成鲜明的对比，在对比中可以看出差别，在差别中能够突出事物的特征和意义。

（2）说明性背景材料。介绍与所反映事物相关联的政治、经济、历史、地理、人际关系、生产条件等方面的情况，以使读者了解事情产生的原因、环境或条件。

（3）解释性背景材料。对一些专门术语、技术问题、专业知识及新生事物、新的提法等，都需要用通俗的语言，适当加以注释，以帮助读者充分理解内容，增长知识。

6. 结尾

结尾是经济新闻的结束语，有时是一段话，有时就是一句话。新闻有了结尾，可以使结构完整（包括倒金字塔式结构），做到首尾相照应，也可以起到补充新闻内容的作用，使经济新闻信息饱和。经济新闻结尾的写法多种多样。有的抒发感情，发出号召，以起到指明方向、鼓舞人心的作用；有的预示结果，引人深思；有的照应导语，头尾相连；有的归纳全文，以起到画龙点睛、点明主题的作用。

如果主体部分已把该说的话说完，那就没有必要加上一个结尾部分，免得"画蛇添足"，使文章显得拖沓，结尾也不是经济新闻必须具备的一个部分。

五、经济新闻写作注意事项

（1）事实要准确。真实是新闻的生命，尊重事实，用准确无误的事实说话，是新闻工作者所应具备的职业道德。经济新闻中的人物、事件、数字、引语等都必须完全真实。

（2）导向要正确。经济新闻报道要同党和国家的路线方针政策相切合，要同国家经济发展的需要相一致，要能反映社会生活中的主流东西。

（3）内容要新颖。经济新闻要善于发现新人新事、新成就、新气象，提出新问题、新见解，总结出新经验、新教训，指明新趋势、新方向，或从新的角度反映报道对象。

（4）报道要及时。经济新闻讲究时效性，如果报道不及时，就失去了新闻的价值。

六、范文欣赏

 例

"四大举措"助地方经营主体重振发展信心

中国经济新闻网讯（赵贡升）

近年来，为拨开疫情影响雾霾，重振市场经营主体发展信心，拉动地方经济恢复发展活力，贵州安龙农商银行充分发挥地方金融机构主力军的作用，多措并举贯彻落实稳经济一揽子金融政策，积极加大信贷投放力度，为地方经济发展营造了良好的金融环境。

创新信贷产品。为进一步满足各类市场经营主体金融需求，安龙农商银行对客户实施分类管理，为客户推出差异化、个性化的信贷产品，多方面加大贷款投放力度。

优惠贷款利率。为持续降低经营主体的经营成本，助力地方经济恢复发展活力，安龙农商银行推出了一系列贷款利率优惠政策，如为各类特色贷款产品匹配优惠利率，对新客户以及近一年内未在安龙农商银行发生信贷业务的客户推出"首惠贷"利率优惠政策，主动向人民银行争取各类专项再贷款、支农支小再贷款等政策支持。

简化办贷手续。为降低客户贷款办理的时间成本，安龙农商银行从优化制度、简化审批流程、便利化线上业务办理程序等方面入手，明确了贷款业务各环节的办理时限和客户获取贷款资金的时限，缩短了办贷时间，实现了快速放款，不断增强贷款投放速度，及时解决各类市场经营主体融资难的问题，提升了客户金融服务的获得感，收获好评。

提升服务质效。为进一步提升服务质效，增强客户体验感，安龙农商银行进一步调整服务模式，优化服务体系。安龙农商银行快速、便捷、精准的金融服务模式，提升了客户金融服务体验感。截至目前，安龙农商银行累计发放助力地方企业发展贷款 25 127 笔，金额 236 211.53 万元；累计为各类市场经营主体优惠贷款利息 1 323.14 万元。

【赏析】本文标题采用了单行标题，揭示了文章的主题。导语采用叙述式，用简洁的文字概括了文章的主题。主题采用逻辑结构，依次说明了创新信贷产品、优惠贷款利率、简化办贷手续、提升服务质效等四方面的措施。

七、病文诊断

贵州三都羊肚菌撬开市场

中国经济新闻网讯（张奕　韦祖珍　安金山）

在三都县九阡镇水各村的羊肚菌种植大棚里，一朵朵羊肚菌破土而出，长势喜人，羊肚菌旁边还摆放着一个个营养包，让羊肚菌可以充分吸收养分。因为播种早，保暖措施到位，今年的羊肚菌比以往提前上市半个多月，目前一天可以采摘 1 500 多公斤，采摘期可以持续到 3 月底。现在是采摘高峰期，每斤鲜菇的价格在 50 元左右，今年预计可产一万斤。

早春时节，贵州三都县 2 500 余亩羊肚菌迎来采收，一朵朵羊肚菌远销日本、德国、迪拜、美国、法国等国外市场，预计实现产值五千万元。

近年来，三都立足生态优势，通过招商引资引进企业发展羊肚菌等特色产业种植，构建"主体＋农户"新型利益联结共同体，引导新型经营主体与农户通过生产合作、股份合作、土地流转、吸纳就业等方式，建立契约型、分红型、股权型等利益联结机制，把利益分配重点向产业链上游倾斜，促进农民就业增收。同时，企业提供稳定的技术支持，并采用专人专棚精细化打理，为农户提供产前、产中、产后服务，让群众放心发展。

"目前羊肚菌非常畅销，客户都亲自到田间地头来收，当然了我们也有自己的渠道，沿海一线及国外一些客商都提前签有订单。接下来，我们也要建羊肚菌的深加工厂，把羊肚菌的附加值进一步提升，希望通过全产业链模式能带动更多群众参与进来。"贵州伟泽农业发展有限公司董事长曾泽能说。

【诊断】本文存在以下问题：

（1）标题表述不准确。根据文章内容，三都羊肚菌撬开了国外市场，而文章说撬开市场，因此应增加"国外"两字，即"贵州三都羊肚菌撬开国外市场"。

（2）导语和主体部分的内容颠倒。应把最重要的信息放在最前面，因此，第二段就是文章的导语，应放在第一段。

【修改参考文稿】

贵州三都羊肚菌撬开国外市场

中国经济新闻网讯（张奕 韦祖珍 安金山）早春时节，贵州三都县2 500余亩羊肚菌迎来采收，一朵朵羊肚菌远销日本、德国、迪拜、美国、法国等国外市场，预计实现产值五千万元。

在三都县九阡镇水各村的羊肚菌种植大棚里，一朵朵羊肚菌破土而出，长势喜人，羊肚菌旁边还摆放着一个个营养包，让羊肚菌可以充分吸收养分。因为播种早，保暖措施到位，今年的羊肚菌比以往提前上市半个多月，目前一天可以采摘1 500多公斤，采摘期可以持续到3月底。现在是采摘高峰期，每斤鲜菇的价格在50元左右，今年预计可产一万斤。

近年来，三都立足生态优势，通过招商引资引进企业发展羊肚菌等特色产业种植，构建"主体＋农户"新型利益联结共同体，引导新型经营主体与农户通过生产合作、股份合作、土地流转、吸纳就业等方式，建立契约型、分红型、股权型等利益联结机制，把利益分配重点向产业链上游倾斜，促进农民就业增收。同时，企业提供稳定的技术支持，并采用专人专棚精细化打理，为农户提供产前、产中、产后服务，让群众放心发展。

"目前羊肚菌非常畅销，客户都亲自到田间地头来收，当然了我们也有自己的渠道，沿海一线及国外一些客商都提前签有订单。接下来，我们也要建羊肚菌的深加工厂，把羊肚菌的附加值进一步提升，希望通过全产业链模式能带动更多群众参与进来。"贵州伟泽农业发展有限公司董事长曾泽能说。

八、参考模板

结构模板	文字模板
标题 消息头 导语 主体	根据新闻内容需要可以选择三行标题、双行标题和单行标题 "本报讯"或"本台消息"。 ××××××××××××××××××××××××××。（叙述式导语等） ××××××××××××××××××××××××××××××××××，××××××××××××××××××××，××××××××××××××××××××××××××。 ×××××××××××××××××××××××，××××××××××××××××××××××××××。（主体围绕导语而展开，根据新闻的内容可选择时序结构、逻辑结构和倒金字塔结构）
背景	××××。（可以有，也可以没有，位置不固定，根据文章需要可以选择说明性背景材料、对比性背景材料和解释性背景材料）
结尾	××××××××××××××××，×××××××××××××××××××。（根据需要选择是否有结尾）

任务实施

根据"任务导入"完成下列任务。

1. 填写和撰写经济新闻的相关要素

名称	内容要素	分析、补充"任务导入"中各要素内容	位置
标题			
消息头			
导语			
主体			
背景			
结尾			

2. 独立完成"任务导入"中的经济新闻标题写作

3. 分析、修改撰写的经济新闻标题

任务拓展

改一改

指出下列新闻语言、标题或导语的毛病，并在原句上加以修改。

1. 邮票陡然暴跌说明了什么？（新闻标题）

2. 昏睡千天的植物人突然复活（新闻标题）

3. 日本一作家发现二战中日军在华使用化学武器——这是一份珍贵的史料（新闻标题）

4. 这架飞机于当地时间今晨零点飞离曼谷国际机场，一小时后在××坠毁，机上的所有人员可能全部丧生。（新闻语言）

5. 涛教头脚下功夫也令人叫绝，日前在教场示范射人墙，数名中国球员屡试不爽后，只见他略一沉吟，一跺脚，一抬腿，只见球绕人墙，直入死角。（新闻语言）

6. 七月，酷热难忍。广大筑路大军冒着高温奋战在建筑工地上，力争早日完成东三环的修路任务。（新闻导语）

7. 一月一日凌晨一点五十分，上海石油化工总厂热电厂发生一起重大生产事故，造成严重经济损失。（新闻导语）

◆ 写一写

（一）根据下列提供的材料，撰写一则双行标题。

本报讯　村、社区文化活动中心（室）创建实现全覆盖；全年组织广场文化活动 78 场，参与人数 182 586 人；农村数字电影放映 1 300 场，观众多达 210 181 人；文化下乡演出 26 场，参与人数 26 929 人；6 所农村成人技术学校为当地社区农民和外来务工人员开展形式多样的教育培训活动，累计培训人数 15 572 人……20××年，南湖社区教育不断创新管理，搭建平台，完善体系，整合多种学习资源，加强队伍建设，实现了向深层化、受益面最大化的转变。

（二）根据下列提供的材料，撰写新闻的导语。

近几年来，日照市沿海渔村"渔家乐"民俗旅游不断发展，但从业人员多是家庭成员或外来雇工，文化礼仪知识比较欠缺，如何更好地满足游客们的需要，不断提升民俗旅游服务水平和创新能力，成为村民们面临的一个迫切需要解决的问题。为此，东港区秦楼街道任家台村专门邀请了有关专家来到村里，向村民传授民俗旅游礼仪知识。近百名村民参加了学习。

任务三　产品说明书

✦ 任务导入

　　××职业技术学校教师马××发明了喷漆机器人。为了让汽车修理厂的工人正确使用该产品，马××老师想撰写一份喷漆机器人说明书，请你帮助马××老师撰写这份说明书。

✦ 任务要求

　　1. 了解产品说明书的含义、种类和特点。
　　2. 掌握产品说明书的结构与写法。
　　3. 能根据有关要求独立撰写产品说明书。

✦ 任务准备

一、产品说明书的含义

　　产品说明书是对产品的结构、性能、用途、使用方法、保养与维修等内容进行介绍和说明的文书。

二、产品说明书的种类

　　（1）按对象、行业的不同分，可分为工业产品说明书、农产品说明书、金融产品说明书、保险产品说明书等。
　　（2）按形式的不同分，可分为条款（条文）式产品说明书、图表式产品说明书、条款（条文）和图表结合说明书等。

（3）按内容分，可分为详细产品说明书、简要产品说明书等。

（4）按语种分，可分为中文产品说明书、外文产品说明书、中外文对照产品说明书等。

三、产品说明书的特点

1. 知识性

产品说明书的内容必须科学、可靠、简明，通过介绍产品的名称、产地、型号、性能、原理、使用方法、保养维修、注意事项等方面的知识，扩大用户的知识面，增进用户对产品的了解。

2. 客观性

产品说明书应如实地介绍产品的性能、特点和用途等，不可夸大、缩小乃至捏造事实来欺骗消费者。

3. 说明性

产品说明书主要采用说明的手法，直接、全面、准确地介绍产品，以使消费者透彻地了解产品的性能、特点、使用方法等。

四、产品说明书的结构与写法

产品说明书一般包括标题、正文、随文三部分。

1. 标题

标题通常有四种呈现方式：（1）文种名称，如"使用说明书""使用手册""用户手册"等；（2）产品名称，或产地名称，如"双鹿电池"；（3）产品名称和文种，如"海尔冰箱使用说明书"；（4）产品的品牌、型号、产品名称和文种，如"苏泊尔 4L 蓝钻真球釜触控电饭煲说明书"。

2. 正文

撰写说明书时，一般要介绍产品的构造、性能、用途、使用方法和注意事项，较为复杂的产品还要说明型号、技术参数、工作原理、保养和维修方法等事项。

3. 随文

随文又叫附文，一般要列出生产厂家的名称、地址、电话号码、邮政编码、传真号及产品的生产日期等。

五、产品说明书写作注意事项

1. 要有实事求是的态度

产品说明书，实际也是企业对消费者的一种承诺。只有产品质量与说明书的内容相符，才能赢得消费者的信任。产品说明书应本着对消费者负责的态度，实事求是地介绍产品的作用、性能等实际情况。

2. 表达清晰，准确简洁

产品说明书在说明产品性能、特点、作用、保养方法等时，要做到通俗易懂，突出特征，尽量避免使用过于专业的术语。

3. 层次清晰，符合规范

撰写产品说明书要从使用者的角度考虑各项内容的次序，要符合《工业产品使用说明书 总则》（GB/T 9969—2008）和《消费者使用说明 第 1 部分：总则》（GB/T 5296.1—2012）等国家标准，在内容选择、结构编排、术语和定义等方面要符合技术规范。

六、范文欣赏

 例

热力牌电热杯使用说明书

我厂电热杯生产历史悠久，式样新颖，美观大方，质量优良，安全可靠，经济实惠。

该杯可煮沸各种食物，立等可取。特别适用于热牛奶、咖啡、开水、泡饭、黄酒及小孩奶糕等。

一、本电热杯电源电压为 220 伏交流，消耗电力 300W。

二、使用时首先将电源线一端插入杯子插座处，再插上电插头，用完后先拔掉插头，以免触电。

三、电热杯容量 1 000 克，使用时不要灌得太满，以免煮沸时溢出杯外。

四、煮沸饮料倒出后，杯中应加入少量冷水（因杯底余热高），否则会影响杯子寿命。

五、请勿随意打开底部的加热部件，以免损坏。

六、自售出之日起，一年内，如因材料或制造工艺不当而损坏，本厂负责退换，或免费修理。但不包括因使用不当而损坏。

七、本产品经中国家用电器工业标准化质量测试中心站鉴定合格。

编号：92-1-HC-78　　欢迎您提供宝贵意见。

我厂宗旨：质量第一　用户至上　销往全球　永久服务

本厂地址：中国云南省昆明市××路××号

电话：×××××××   邮编：××××××

【评析】例文是使用说明书，标题由产品名称和文种组成；正文采用条款式写法，条理清晰，突出说明了热力牌电热杯的使用方法，并起到了广告的作用；随文列出了厂家的地址、电话、邮编等。

七、病文诊断

复方板蓝根颗粒

通用名称：复方板蓝根颗粒

汉语拼音：Fufang Banlangen Keli

【功能主治】清热解毒，凉血。用于风热感冒，咽喉肿痛。

【成分】板蓝根、大青叶。

【性状】颗粒。

【不良反应】尚不明确。

【用法用量】一次15克，一日3次，重症加倍；小儿酌减。预防流感、乙脑，一日15克，连服5日。

【禁忌】糖尿病患者禁服。

【包装规格】每袋装15克（相当于原生药15克）

【贮藏】密封，防潮。

【生产批号】见包装盒。

【生产日期】见包装盒。

【注意事项】

1忌烟、酒及辛辣、生冷、油腻食物。2不宜在服药期间同时服用滋补性中药。3风寒感冒者不适用，其表现为恶寒重，发热轻，无汗，头痛，鼻塞，流清涕，喉痒咳嗽。4高血压、心脏病、肝病、肾病等慢性病严重者应在医师指导下服用。5服药3天症状无缓解，应去医院就诊。6儿童、年老体弱者、孕妇应在医师指导下服用。7对本品过敏者禁用，过敏体质者慎用。8本品性状发生改变时禁止使用。9儿童必须在成人监护下使用。10请将本品放在儿童不能接触的地方。11如正在使用其他药品，使用本品前请咨询医师或药师。

【药物相互作用】如与其他药物同时使用可能会发生药物相互作用，详情请咨询医师或药师。

【诊断】本文存在以下问题：

（1）要注意说明顺序。按照药的成分、性状、功能主治、用法用量等顺序来写。

（2）条款不能缺少。如"有效期""批准文号""随文"等条款不能缺少。

（3）语言要准确。如原文中"包装规格"每袋装15克（相当于原生药15克），这是规格，而不是包装规格，包装规格的表述为"药用复合膜袋装，15克/袋×20袋/大袋"。

（4）说明不够到位。如成分主要材料、辅料都应该写清楚；性状要把颜色和味道写出来等。

（5）标点符号使用要规范。在注意事项中数字后应加"."号。

【修改参考文稿】

复方板蓝根颗粒

通用名称：复方板蓝根颗粒

汉语拼音：Fufang Banlangen Keli

【成分】板蓝根、大青叶；辅料为蔗糖、淀粉。

【性状】本品为棕色的颗粒；味甜、微苦。

【功能主治】清热解毒，凉血。用于风热感冒，咽喉肿痛。

【用法用量】冲服。一次15克，一日3次，重症加倍；小儿酌减。预防流感、乙脑，一日15克，连服5日。

【不良反应】尚不明确。

【禁忌】糖尿病患者禁服。

【注意事项】

1. 忌烟、酒及辛辣、生冷、油腻食物。2. 不宜在服药期间同时服用滋补性中药。3. 风寒感冒者不适用，其表现为恶寒重，发热轻，无汗，头痛，鼻塞，流清涕，喉痒咳嗽。4. 高血压、心脏病、肝病、肾病等慢性病严重者应在医师指导下服用。5. 服药3天症状无缓解，应去医院就诊。6. 儿童、年老体弱者、孕妇应在医师指导下服用。7. 对本品过敏者禁用，过敏体质者慎用。8. 本品性状发生改变时禁止使用。9. 儿童必须在成人监护下使用。10. 请将本品放在儿童不能接触的地方。11. 如正在使用其他药品，使用本品前请咨询医师或药师。

【药物相互作用】如与其他药物同时使用可能会发生药物相互作用，详情请咨询医师或药师。

【贮藏】密封，防潮，药品阴凉贮存区（20℃以下）。

【规格】每袋装15克（相当于原生药15克）。

【包装规格】药用复合膜袋装，15克/袋×20袋/大袋。

【有效期】24个月。

【生产批号】见包装盒

【生产日期】见包装盒　　　【批准文号】国药准字 Z51022314

【生产企业】四川××制药有限公司　　【生产地址】××省××市石山头

电话：(0511) 7706306　7706356　传真：(0511) 7706306　　邮编：212423

八、参考模板

结构模板	文字模板
标题	×××××说明书
正文	××××××××××××××××××，×××××××××××××××××××，×××××××××××××。 　　××××××××××××××，××××××××××××××××××××××××，××××××××××，××××××××××××××××××××××。（说明产品的基本情况）
随文	厂址：××××××××××× 　　电话：××××××××　邮编：×××××

♦ 任务实施

根据"任务导入"完成下列任务。

1. 填写和撰写产品说明书的相关要素

名称	内容要素	拟写"任务导入"中各要素内容	位置
标题			
正文			
随文			

2. 独立完成"任务导入"中的产品说明书写作

3. 分析、修改撰写的产品说明书

任务拓展

改一改

（一）阅读下列产品说明书，分析其中存在的问题。

××剃须刀使用说明书

1. 充电。将电源插头插入电源之中，使充电指示灯亮，充电数小时。注意：充电时间不要过长，以免影响电池寿命。

2. 修剪刀。如有修剪刀功能的剃须刀，请在剃须前，先将修剪刀推出，修短胡须后再用网刀剃净。

3. 清洁。剃须刀要经常清洁。清洁前应先关上开关。旋下网刀，用毛刷将胡须屑刷净。清洁后轻轻放回刀头架，且到位。清洁时应轻拿轻放，避免损坏任何部件。

4. 剃须。将开关键上推至开启位置（on），即可剃须。为求最佳之刮须效果，请将皮肤拉紧，使胡子成直立状，然后以逆胡子生长的方向缓慢移动。

5. 保修条例。保修服务只限于一般正常使用下有效。一切人为损坏例如接入不适当电源、使用不适当配件、不按说明书使用，因运输及其他意外而造成之损坏，非经本公司认可的维修和改造，错误使用或疏忽而造成损坏，不适当之安装等，保修服务立即失效。此保修服务并不包括运输费及维修人员上门服务费。保修期外享受终身维修，维修仅收元器件成本。

剃须刀中内外刃属消耗品，不在保修范围内。

6. 注意事项。换刀网、刀头时一定要选用原厂配件。

（二）下面是一份龙口粉丝的产品说明书，请改正不恰当的地方。

龙口粉丝

本品为绿色天然产品，以优质绿豆、豌豆为原料，经先进的封闭式流水生产工艺和严格的品质管理精制而成，具有条细透明、久煮不烂、口感滑腻等特点，

食用方法：

凉拌：

1. 将粉丝放入开水内煮一会儿后，用凉水冲洗沥干。

2. 将发好的粉丝与蔬菜、火腿加精盐等拌匀即可。

火锅：

1. 将火锅内加鸡汤煮沸。

2. 将粉丝、蔬菜、肉类等一同加入即可。

炒粉：

1. 将粉丝放入开水内煮2分钟后，用凉水冲洗沥干。

2. 将肉、蔬菜、蒜茸一同炒至七成熟，加入粉丝同炒。

执行标准：Q/JCF001

生产日期：见封口处

净含量：320 克

生产单位：金城股份有限公司地址：招远市晨钟路 7 号

电话：0535－8237×××

传真：0535－8215×××

写一写

请你为 LED 演播室 V12.60D 操作写一份说明书。

任务四　商业广告

任务导入

××职业技术学校教师马××为其发明的喷漆机器人撰写了说明书，同时，为了让更多的汽修 4S 店购买该产品，学校打算做广告。假如学校请你设计广告，你将怎样设计该产品的广告？

任务要求

1. 了解商业广告的含义、种类和特点。
2. 掌握商业广告的结构与写法。
3. 能根据相关要求独立撰写商业广告。

任务准备

一、商业广告的含义

商业广告是单位或个人为了推销自己的商品和劳务等，通过媒体传播，有目的、有计划地向公众进行宣传介绍，引发消费者和服务对象的需求欲望，并使之最终产生需求行为的工具或手段。

二、商业广告的种类

商业广告的种类很多，根据不同的划分标准可进行不同的分类。
按广告的形态分，有文字广告、声音广告、图像广告、实物广告。
按广告的内容分，有大众性广告和企业性广告。

按广告目的分，有知照性广告、竞争性广告和挖掘性广告等。

按广告的传播媒介分，有报纸广告、杂志广告、广播广告、电视广告、邮件广告、公共场所广告、车船广告。

按广告内容的表现特点分，有印象型广告、说明型广告、情感诉说型广告。

三、商业广告的特点

1. 真实性

真实性是广告的生命所在。广告失真，或弄虚作假，或夸大其词，不仅会失信于公众，失去商品信誉和商品本应有的市场，而且会影响厂家或商家自身的职业道德。

2. 艺术性

广告是一门科学，也是一门艺术。作为艺术，广告在设计时是与文学、音乐、美术、摄像等多种艺术形式结合在一起的。

3. 严肃性

广告不是纯粹的经济现象，它也属于意识形态范畴，是社会主义精神文明的一部分。广告不仅要追求经济效益，还要注重社会效益，要注意广告内容的严肃性。

4. 传播性

通过各种宣传媒介把产品、商品或劳务介绍给公众和广大消费者，让他们对此了解、认识、熟悉并产生购买欲，这是广告的主要目的之一，因此，传播性也成了广告的特征之一。

四、商业广告的结构与写法

商业广告一般由标题、正文、广告语、随文四部分组成。

1. 标题

广告的题目必须是广告内容的凝聚和提炼，能突出广告的主题，新颖别致，有强大的吸引力和感染力。它有以下三种形式：

（1）直接标题。直截了当地用商品的名称、品牌等作为广告标题的核心内容，直接表明广告的主题和销售重点。它的特点是简洁明了、一目了然。比如"坐红旗车，走中国路"。

（2）间接标题。不直接点明广告主题或介绍产品，而是采用暗示、诱导性的方式，引导消费者阅读正文的兴趣，它的特点是含蓄蕴藉、充满诱惑。比如中国移动广告："沟通从心开始"。

（3）复合标题。它是对直接标题和间接标题的综合运用，往往采用正标题和副标题两部分，它的特点是结合了以上两种标题的长处，更具吸引力和感染力，运用起来更灵活、更全面。比如"独领风骚——泸州老窖"。

2. 正文

广告的正文是广告主题表现的核心部分，也是广告标题的具体化。正文应紧紧围绕广告主题，向消费者介绍有关商品或劳务的信息，内容主要涉及广告对象的品种、规格、性能、质量、产地、用途、功能、历史发展和现状等项目。正文的写作方法不拘一格，大致分为以下几种体式：

（1）陈述体。用简洁朴实和大众化的语言，直接介绍商品，使消费者充分地了解商品性能、特点，产生购买欲望。其明显特点是实在。

（2）问答体。其显著特点是通过设问方式，激发消费者的好奇心，从而有效地宣传广告内容。一般分设问自答、设问客答两种形式。通过一个个问题的解答，让消费者逐步深入地了解商品。

（3）证书体。通过向公众介绍商品所获得的证书与荣誉，证明和宣传商品质量过硬、物有所值，介绍和推销商品。

（4）描述体。对商品或企业的局部或全部进行描写，这种方法能够对商品的特点进行渲染，给人以鲜明印象。

（5）幽默体。用幽默诙谐的语言，在轻松愉快的气氛中宣传商品和企业，这种方法引人入胜，使人经久不忘。

3. 广告语

广告语也叫"广告口号"或"广告标语"，是为了强调品牌或企业的独特定位和形象而提出的一句简明、通俗的宣传语，并能在较长时间内反复使用，注重向消费者传达品牌形象的长期观念。广告语要求特点突出、简明易记，并能反复使用。广告语并不是每一则广告都有。

4. 随文

广告的随文即落款，主要交代广告主的名称、地点、电话、联系人、邮政编码和银行账号等。

五、商业广告写作注意事项

（1）篇幅要简短。文章要简要、概述，删除一切多余的文字，力求简练、易读、易懂。

（2）要综合运用多种表达方式。介绍商品的性能、特征、功能等，可采用说明的表达方式；介绍企业创业经过、产品发明者的事迹等可采用叙述的表达方式；揭示产品的特点、作用，用形象、逼真的语言描绘产品，介绍优美的服务设施和环境，可采用描写的方法；打动消费者的心，使消费者感到亲切，可采用抒情的表达方式；广告在注重情感的同时，注重理性，产生理性思考，可采用议论的表达方式。

（3）广告要注重创新。广告在写作中注重广告创意和语言的创新，在体现作品新意的同时，体现出简洁明快、形象生动的语言特色。

六、范文欣赏

 例一

蓦然回首，还是雪花啤酒
皇牌啤酒，关东"大帝"的追求

为满足广大消费者的需求，拓展国内外啤酒销售市场，沈阳华润雪花啤酒有限公司将于近日隆重推出雪花啤酒系列新品种。同时更换沈阳牌 11°沈阳啤酒、沈阳牌 11°特制沈阳啤酒、沈阳啤酒 11°沈阳鲜啤酒商标，公司总经理肖庆森、经营副总经理顾延春祝愿广大消费者生活美满、幸福！

新品种 新工艺 新包装

高质量 高档次 高品位

沈阳华润雪花啤酒有限公司

公司地址：沈阳市铁西区建设东路 42 号

电话：××××××

邮编：××××××

【评析】广告结构完整，标题、正文、广告语、随文齐全。标题是复合式标题，正标题引用古诗中的"蓦然回首"点出雪花啤酒，富有情趣；副标题点出该啤酒产地。正文主要写推出雪花啤酒系列新品种的目的及商标更换的信息。广告语句式整齐，特色鲜明。随文以介绍与客户的联系方式为主。

 例二

美国一家电话公司的广告

［电视画面］傍晚，一对老年夫妇正在餐厅里用餐，电话铃响，老妇人起身接电话，一会儿，老妇人回到餐桌旁。

老先生：谁的电话？

老妇人：是女儿打来的。

老先生：有什么事？

老妇人：没事。

老先生：没事？几千里地打来电话？

老妇人：（呜咽）她说她爱我们。

（两位老人相视无言，激动不已。）

［旁白］用电话传递你的爱吧！

【评析】这是一则问答体广告。标题使用直接标题，让人一看就清楚。正文描绘了一幅普通的生活画面，蕴含着深切的亲情，以情感人。旁白画龙点睛地揭示广告的主旨，使人恍然大悟，感染力强。

七、病文诊断

缺牙显老，英式无痛种牙助您享受美味
保持健康、恢复青春

警惕！牙齿缺失是衰老的主因之一

牙齿缺失危害众多——影响咀嚼，难享口福；邻牙松动，越掉越多；损害牙龈，引发口臭；"囫囵吞枣"，危害肠胃；说话"跑风"，口齿不清；嘴巴干瘪，显得苍老……所有这些都会让人加速衰老，而且越老越快！古人便是以牙齿数量来判断年龄的，"龄"字的构造充分印证了这一点。

××口腔医院3年来累计成功种牙数万例，很多中老年顾客走出××的时候，精神和容貌焕然一新，仿佛瞬间年轻了10岁！

过时！活动假牙和烤瓷牙弊端多多

活动假牙有异物感，咀嚼力差，损害牙龈，每天都要摘戴清洁，非常麻烦，最可怕的是易折断和误吞，极度危险；烤瓷牙必须磨除好牙，损伤邻牙，寿命短，易崩瓷，还会导致牙龈"黑线"，美观性很差。

完美！英式无痛种植牙快捷又轻松

第四代英式无痛种植牙"快准广稳"睥睨同行，业界领先！

快——即拔即种即用，15分钟重获新牙！简短的自体骨移植技术，创新的微螺纹种植体，可以实现拔牙后立即种植，种植后即可恢复咀嚼力；微创小手术，全程无痛，真是快捷又轻松。

准——术前CT检查，骨结合迅速又牢固。华南地区率先引进德国原装全口牙CT，可评估和模拟种植体位置、角度和深度，种植体与牙槽紧密结合，媲美真牙。

243

广——适应面广，各种种植疑难均可解决。八大国际主流种植体系各有优势，从 16 岁的青少年到 80 岁的老人均可种植。

稳——稳若磐石，质比真牙。亲骨活动种植牙，稳固度堪比天然牙根；并且种植体可迅速与人体牙槽神经融合，实现真牙般的咀嚼感受，完美恢复味觉，享受食物口感和美味。

大师！中欧齿科大师常年坐诊羊城

××有源自欧洲的尖端口腔医疗技术，有各种原装进口的先进齿科设备，但是最重要的还是拥有中欧两地的牙科大师常年坐诊——院长××教授是英式无痛种植牙开创者，××医师是国内种植牙权威，葡籍华人××教授从事牙齿正畸 40 余年⋯⋯选医院，就是选医生！

免费预约：020 - 0000 - 0000

官方网站：www. ××××××. com

医院地址：广州市××路××号××大厦××层

【诊断】这则广告结构完整，层次清楚，但还存在以下问题：

（1）标题不够简洁，功能夸张。应改为"英式无痛种牙助您享受美味、保持健康！落齿重生　轻松快捷"。

（2）正文首句概括不精准。"警惕！牙齿缺失是衰老的主因之一"首句缺牙强调衰老，但从文章内容看，缺牙会引发"口臭""危害肠胃""说话'跑风'，口齿不清"等，因此，可以修改为"警惕！牙齿缺失危害众多"。

（3）许多表述有刻意夸大之功效。如"15 分钟重获新牙！""种植后即可恢复咀嚼力""稳若磐石，质比真牙"等。

（4）大量专业术语做介绍，正文信息量大，不利于读者抓住阅读的重点。如"八大国际主流种植体系各有优势""亲骨活动种植牙""简短的自体骨移植技术，创新的微螺纹种植体"等，可精简。

【修改参考文稿】

英式无痛种牙助您享受美味、保持健康！

落齿重生　轻松快捷

亲爱的朋友，您有坏牙掉牙的烦恼吗？

警惕！牙齿缺失危害众多

影响咀嚼，难享口福；邻牙松动，越掉越多；损害牙龈，引发口臭；"囫囵吞枣"，危害肠胃；说话"跑风"，口齿不清；嘴巴干瘪，显得苍老⋯⋯

过时！活动假牙和烤瓷牙弊端多多

活动假牙有异物感，咀嚼力差，损害牙龈，每天都要摘戴清洁，非常麻烦，最可怕的是易折断和误吞，极度危险；烤瓷牙必须磨除好牙，损伤邻牙，寿命短，易崩瓷，还会导致牙龈"黑线"，美观性很差。

完美！英式无痛种植牙快捷又轻松

第四代英式无痛种植牙"快准广稳"睥睨同行，业界领先！

快——简短的自体骨移植技术，创新的微螺纹种植体，可以实现拔牙后立即种植；微创小手术，全程无痛，真是快捷又轻松。

准——术前 CT 检查，骨结合迅速又牢固。

广——适应面广，16 岁的青少年到 80 岁的老人均可种植。

稳——亲骨活动种植牙，稳固度堪比天然牙根。

大师！中欧齿科大师常年坐诊羊城

××有源自欧洲的尖端口腔医疗技术，有各种原装进口的先进齿科设备，但是最重要的还是拥有中欧两地的牙科大师常年坐诊！3 年来累计成功种牙数万例！

来吧，让我们帮您解决烦恼，还您健康和快乐！

免费预约：020 - 0000 - 0000

官方网站：www.××××××.com

医院地址：广州市××路××号××大厦××层

八、参考模板

结构模板	文字模板
标题 正文	×××××××××××××××（直接标题、间接标题和复合标题） ×××××××××××××××××××××，××××××××××××××××××××××，×××××××××××××××××××××××××××。（可以采用陈述、问答、证书等形式来展示商品的特点、性质等） ××××××××××××××。 ×××××××××××××××××××××。
随文	（交代广告主的名称、地点、电话、联系人、邮政编码和银行账号等。）

✦ 任务实施

根据"任务导入"完成下列任务。

1. 填写和撰写商业广告的相关要素

名称	内容要素	拟写"任务导入"中各要素内容	位置
标题			
正文			
随文			

2. 独立完成"任务导入"中的商业广告写作

3. 分析、修改撰写的商业广告

任务拓展

改一改

下面是一则广告，请修改不足之处。

《高血压 不吃药》免费发放

高血压现状：高血压是当代威胁健康和生命的顽症之一，特别是中老年患者受长期困扰，饮食受限、久治不愈，苦不堪言，从而引起全社会的普遍关注。

高血压病人感受：降压容易稳压难！只要吃药控制，血压唰唰唰就下来，可药效一过，血压忽忽忽又高得吓人，突然增高的血压随时会导致血管破裂或堵塞，引发脑出血、脑梗，危及生命！

近日，由北京××出版社出版的《高血压 不吃药》一书已经正式出版发行，受到了高血压患者的高度热捧。

为了让高血压患者掌握更多的高血压常识，《高血压 不吃药》一书正在全国免费发放，赠送对象：高血压、中风偏瘫者，患者可拨打免费送书电话：400-000-0000进行索取，数量有限，赠完为止。（仅限前300名，如线路繁忙，敬请等待或再次拨打。）

出版号：ISBN 978-×××-××××-×

（提示：本次赠书纯属免费活动，如有人趁机收取书本费或邮寄费，敬请拨打电话

400－000－0000 举报。）

◆ 写一写

  ××电器公司开发出一种电饭锅新品——电脑电饭锅，与普通电饭锅相比，有以下显著特点：

  第一，采用微电脑最新模糊逻辑控制技术，能正确判断水量和米量的多少，智能控制烹饪全过程的火候，可达到烹煮出美味可口的食物和节约能源的目的。

  第二，具有标准煮饭、快速煮饭、冷饭加热、1小时蒸、1小时煮粥、2小时煮粥、1小时煮汤、2小时煮汤8大功能，供选择使用。

  第三，16小时以内设定煮好食物的时间（以小时为单位）。

  第四，LED数码显示屏美观、大方、醒目。

科技带来更多营养美味
××电脑电饭锅

官方网站：www.××××××.com

厂家地址：××省××市××路××号

电话号码：×××××××××   传真号：×××××××××

参考文献

［1］罗永妃，王强．应用文写作．上海：华东师范大学出版社，2023．

［2］韦文帝，孙桂平．应用文写作教程．北京：中国传媒大学出版社，2023．

［3］张子泉，刘兆信，单体刚．应用文写作．北京：清华大学出版社，2022．

［4］王首程．应用文写作．4版．北京：高等教育出版社，2019．

［5］王芳，刘萍．应用文写作．北京：化学工业出版社，2015．

［6］王敏杰．应用文写作．北京：中国人民大学出版社，2015．

［7］刘忠洋．应用文写作．上海：上海交通大学出版社，2014．

［8］钟霞．应用文写作．北京：中国财政经济出版社，2014．